AF618767

Arna fhoilsiú le cabhair airgid ón gComhairle Ealaíon.
Arna fhoilsiú le tacaíocht ó Fhoras na Gaeilge.
Thacaigh Goethe-Institut le haistriú an tsaothair seo.
Tugann Bord na Leabhar Gaeilge tacaíocht airgid do Chló Iar-Chonnachta.
Druck und Herausgabe mit freundlicher Unterstützung von:

Lektorat: Aurélie Maurin / Lochlainn Ó Tuairisg

Rohrbacher Straße 18
D-69115 Heidelberg
www.wunderhorn.de

Indreabhán,
Co. na Gaillimhe,
Éire
www.cic.ie

Satz: Cyan, Heidelberg
Gestaltung: Holger Stüting, allstars***design, Berlin
Druck und Herstellung: Fuldaer Verlagsanstalt, Fulda
ISBN 3-88423-261-4 (Deutschland)
ISBN 1-905560-04-4 (Irland)

Leichte Abweichungen zwischen Gehörtem und Geschriebenem liegen in den Nachbearbeitungen der Übersetzungen begründet.

VERSschmuggel VÉARSaistear

Irische und deutschsprachige Gedichte Dánta Gaeilge agus Gearmáinise

Michael Davitt Barbara Köhler
Biddy Jenkinson Dorothea Grünzweig
Nuala Ní Dhomhnaill Mirko Bonné
Gréagóir Ó Dúill Monika Rinck
Cathal Ó Searcaigh Maja Haderlap
Gabriel Rosenstock Armin Senser

Herausgegeben von / Arna chur in eagar ag
Aurélie Maurin und / agus Thomas Wohlfahrt

Wunderhorn / Cló Iar-Chonnachta

Clár / Inhalt

Réamhrá

Aistear na Filíochta

Aithníonn an saol Fódlach gur saoithiúil na béithe iad dánta. Is beag foilsitheoir a fhoilsíonn filíocht ach is lú fós an dream a fhoilsíonn filíocht i dteangacha iasachta, ós rud é nach mór í a aistriú. Anois bíonn baol agus amscaíocht ar leith ag baint le filíocht a aistriú. Bíonn an oiread sin níos mó i gceist le dán ná an t-ábhar lena mbaineann sé; tagann fuaim agus rithim i gceist freisin. Ach cé is fearr a d'fhéadfadh cabhair a thabhairt chun castachtaí an dáin a aistriú go teanga eile ná an file féin?

I samhradh na bliana 2004 chuaigh seisear filí Gaeilge sa bhearna bhaoil le seisear filí ó chríocha na Gearmáinise le tabhairt faoi dhánta a chéile a aistriú. Níor cuireadh ar fáil don dáréag úd ach aistriúcháin liteartha de dhánta a chéile, foclóirí troma agus teangairí a shuífeadh eatarthu. Rinne siad cur agus cúiteamh faoi rím agus faoi rithim, faoi uaim agus faoi chomhfhuaim, faoi íomhánna agus faoi fhuaimfhoclaíocht, agus tháinig siad ar comhréiteach i ngach aon chás maidir le céard a d'fhéadfaí a chaomhnú agus céard nár mhór a chaitheamh i gcártaí. Ach thar aon ní eile, malartaíodh na scéalta a bhí mar bhunús leis na dánta agus chuir dháréag ealaíontóirí ó Éirinn, ón nGearmáin, ón Eilvéis agus ón Ostair aithne ar a chéile agus iad ag treabhadh an ghoirt chéanna. Cé go raibh amhras orthu faoin togra ar dtús, tháinig siad ar athrú intinne agus thug siad rudaí nua faoi deara fiú amháin ina gcuid saothair féin. Mar a dúirt Gabriel Rosenstock i gcomhluadar Béarlóirí: *"Is leath-Ghearmánach mé. B'as Schleswig-Holstein do m'athair, mar sin díol spéise i gcónaí domhsa is ea bheith ag aistriú ó Ghearmáinis go Gaeilge. Cén meas atá ag an nGearmánach ionam ar an Éireannach agus vice versa? Níl meas madra acu ar a chéile, is baolach ..."* Cuireann an leabhar seo toradh a gcuid oibre in bhur láthair: cnuasach aistriúchán atá ar fheabhas, agus iad údaraithe ag na filí iad féin.

An rud speisialta faoin duanaire seo ná go bhfuil sé á fhoilsiú sa Ghearmáin agus in Éirinn ag an am céanna. Beidh muintir an da thír in ann an comhrá fileata a leanacht ach an leabhar a oscailt, na dlúthdhioscaí a sheinm agus éisteacht leis an gceolchoirm dhátheangach a chuir ríméad agus gliondar ar shlua mór nuair a léigh an dáréag filí toradh saothair roinnt laethanta ar an 28 agus ar an 29 Meitheamh 2004, mar chuid d'Fhéile Filíochta Bheirlín.

Is léir ón taifeadadh nach aon phróiseas dúr an t-aistriúchán nach ndéanann ach glúin a fheacadh os comhair na gramadaí, ach malartú ceolmhar nach bhfuil aon teora lena chumas claochlaithe. Ní dhearna dís ar bith den bhuíon faillí i leith na fuaime, ó shiosarnach bheoga Ghréagóir Uí Dhúill agus Mhonika Rinck a chuaigh go smior sna héisteoirí, go dtí pléaráca spleodrach Rosenstock agus Senser a choinnigh an slua faoi dhraíocht.

Agus iad ag aistriú dánta a chéile, thug na filí saorchead dá gcuid leathbhádóirí mionathruithe a dhéanamh anseo is ansiúd de réir mar a ba ghá. Giota ó chuimhní cinn Armin Senser: *"Beirlín, Friedrichstraße. Ambasáid na hÉireann. Spás oifige san iasacht. Áit nach bhféadfainnse a shroicheadh liom féin. Tugann an Chéad Rúnaí treoir don Dream Roghnaithe. Caifé agus mionchaint le file Ceilteach, lena theangaire agus le m'umhlaíocht féin. Chuige sin brioscaí a bhácáil bean an teangaire. Bhí chuile rud faoin spéir fós ina cheart ag an bpointe sin, is é sin le rá nach raibh faic bainte fós as an aistriúchán liteartha Gearmáinise a bhí ar an mbord os mo chomhair. Bród ar an aistritheoir: as na brioscaí agus as a chuid Gearmáinise, a d'eascair dar ndóigh ón gCeiltis. Ba challánach a chiúnas níos deireanaí nuair a chuir mé mo chuid iarrachtaí féin faoina bhráid. Óir tagann gortú, éagóir agus pian le chuile aistriúchán, sa chás seo lem cheannsa. Ba bheag a bhí fanta ón mbunaistriúchán liteartha a bhí curtha ar fáil dúinn, ba bheag a d'fhéadfaí a thabhairt slán. Is masla chuile aistriúchán. Agus gan ann mar sin féin ach tús na healaíne."*

Bhí Cathal Ó Searcaigh chomh tógtha sin le dánta Mhaja Haderlap nach bhféadfadh sé srian a chur leis féin línte breise a chumadh chun iad a mhaisiú. Ba mhinic a mheall teacht le chéile na nguthanna macalla corr ón mbundán. Mar shampla, cuireann leaganacha Bharbara Köhler cló nua ar fad ar véarsaí Mhichael Davitt trí chloí go dlúth agus go beacht leis na bunphatrúin mheadarachta.

Cruthaíonn Armin Senser teannas mar a bheadh in amharclann nuair a aithrisíonn sé sraith haikúnna Ghabriel Rosenstock go stadach, siolla ar shiolla. Os a choinne sin, fáisceann Rosenstock íoróin nach bhfuil mífheiliúnach as dán fada Armin Senser nuair a athmhúnlaíonn sé ceol agus rithim na línte.

Cuirtear an-luach ar fhilíocht na hÉireann sa Ghearmáin agus méadaíonn na haistriúcháin nua seo go Gearmáinis ár stór. Mar sin, d'fhéadfaí a rá gur mór atáimid saibhrithe ag an togra seo. *"B'iontach an rud é éisteacht le raon fuaimeanna na Gaeilge agus a mhothú gur chuir sé barr feabhais ar an bhfilíocht."* (Dorothea Grünzweig).

Dírítear aird ar leith ar theanga amháin chuile bhliain ag Ceardlann Litríochta Fhéile Filíochta Bheirlín; déantar dianaistriú ar dhánta ón teanga sin agus féachtar chuige go bhfoilsítear an toradh.

Sílimid gur maith an sampla é dul chun cinn na Gaeilge den bhéim ata á leagan san Eoraip ar fhéiniúlacht réigiúnach, agus áirímid go háirithe an reachtaíocht nua teanga a chuireann an Ghaeilge ar comhchéim leis an mBéarla mar theanga oifigiúil in Éirinn agus san Eoraip. Tá ról suntasach ag na teangacha réigiúnacha cur leis an bhféinmhuinín nua atá ag borradh sna háiteanna a mbíonn siad á labhairt, agus is é sin an fáth gurb í filíocht na Gaeilge a roghnaíomar don togra seo.

Tá tábhacht nach beag le filíocht liriceach chun féiniúlacht agus féinmhuinín a chruthú. Í beag beann ar an am faoi leith, cothaíonn sí ceangal idir an saol atá caite agus an ré seo ina mairimid, déanann sí athnuachan agus athbheochan ar an teanga. Tá filíocht na hÉireann lán de thagairtí don dúlra agus don mhiotaseolaíocht: tagann béithe sí agus spéirmhná i láthair agus cuirtear crainn ag caint. Fréamhaíonn cora meafaracha den chineál sin an fhilíocht i gcuimhne chultúrtha agus in aigne na tíre. Treisíonn siad údarás na filíochta agus í ag plé le téamaí reatha. Mar shampla, tarraingíonn Nuala Ní Dhomhnaill aird ar shíorathrú na teanga in Éirinn ina sraith dánta faoi mhurúcha.

Cuireann dánta seo Nuala Mirko Bonné ag machnamh: *"Cén rud is sine ar domhan? Is ársa faoin spéir? Is ar éigean más féidir ciall ar bith a bhaint as an gceist seo nuair is i nGearmáinis a chuirtear í. Sroicheann an Ghearmáinis teorainn a cumais agus an cheist seo á cur. Is anseo, ar theorainn na teanga, a bhíonn an fhilíocht ag rince, ach gan aird dá laghad aici ar theorainneacha teanga ná ar theorainneacha ama. Ach ní thagann an deacracht seo i gceist i gcás na Gaeilge: agus Nuala Ní Dhomhnaill ag athinsint fhinscéalta na hÉireann, déanann sí trácht ar chapall Uíbh Ráthach. Is each uisce é, agus mar sin de réir dealraimh is é an rud is sine faoin spéir é. Níl faic speisialta faoi chapall seo Uíbh Ráthach, a deir Nuala liom, agus beagán amhrais uirthi; níl ann, a deir sí i mBéarla, ach 'The instance of the oldest thing you could ever think of existing.'"*

Tá creidiúint ar leith ag dul don iris liteartha *INNTI,* a bunaíodh sa bhliain 1971 agus inar foilsíodh dánta le Nuala Ní Dhomhnaill, Michael Davitt, Gabriel Rosenstock agus Cathal Ó Searcaigh. Ach is fíor a rá go bhfuil a gcion déanta ag gach file sa duanaire seo filíocht na Gaeilge a chur chun cinn.

Is i nGaeilge amháin a scríobhann Biddy Jenkinson agus is fearr léi nach n-aistreofaí a saothar go Béarla, óir creideann sí nach féidir gnéithe tábhachta dá cuid filíochta a chur in iúl i mBéarla. Ba é seo an chéad uair riamh a raibh sí pairteach i dturgnamh aistriúcháin: *"Níor fhreastail mé ar shaotharlann den chineál seo cheana agus bhíos dall go maith ar a mbeadh i ndán dom. Thuigeas gur chuir na scoláirí Gearmánacha comaoin ar Ghaeil i gcúrsaí gramadaí fadó agus d'oir sé dom oilithreacht bheag a dhéanamh i gcúiteamh m'fhaillí sna cúrsaí seo. Roinneadh go fial linn agus d'fhoghlaimíos mórán."*

B'fhéidir, mar sin, go ndéanfadh na haistriúcháin ón nGearmáinis beagán tairbhe don Ghaeilge, go dtacóidís lena fuascailt trí bhreis freagrachta a chur uirthi i leith nuafhilíocht an domhain.

Is dialann an leabhar seo chomh maith le toradh aistir teanga. Cé go mb'fhada ar uairibh an ród idir an dá theanga, "*We came a long way* – ach shroich muid ceann scríbe." (Monika Rinck)

Aurélie Maurin, Thomas Wohlfahrt Beirlín, Feabhra 2006

Vorwort

Vom Verseschmuggeln

Gedichte gelten gemeinhin als „heiße Ware“. Nur die wenigsten Verleger führen sie in ihren Verlagsprogrammen und trauen sich, fremdländische Dichtung zu verlegen, obwohl sie zusätzlich der Übersetzung bedarf. Das Übersetzen von Poesie selbst gilt als ganz besonders knifflige und gefährliche Angelegenheit. Denn das, was das Gedicht zum Gedicht macht, ist nicht nur das, wovon es spricht, sondern auch das, woraus es gemacht ist: Aus Klängen, und Rhythmen, die den Vers bilden. Wer könnte besser an der Übertragung dieser komplexen Textstruktur in die andere Sprache arbeiten als der Dichter selbst? Sechs irische und sechs deutschsprachige Dichterinnen und Dichter setzten sich im Frühsommer 2004 während des *poesiefestival berlin* einem ästhetischen und menschlichen Experiment aus und übersetzten sich gegenseitig in die andere Sprache. Als Arbeitsmaterialien hatten sie vorab in Auftrag gegebene Interlinearübersetzungen zur Verfügung, dicke Wörterbücher und einen Dolmetscher zwischen jedem Paar. Reime wurden aufgegeben oder beibehalten, Klanglinien entsprechend aufrechterhalten oder verändert, Rhythmen stärker betont oder aber auf den Erhalt von Bildern mehr Wert gelegt. Vor allem wurden die Geschichten, die hinter den Wörtern liegen, erzählt, und zwölf Künstler aus Irland, Deutschland, der Schweiz und Österreich haben einander durch gemeinsames Arbeiten kennen gelernt. Anfängliche Skepsis wich neuen Erkenntnissen, auch über das eigene Schreiben. *„Für jemanden, der halbdeutsch ist - mein Vater kam aus Schleswig-Holstein - ist es immer sehr interessant aus dem Deutschen in das Irische zu übersetzen. Was denkt der deutsche Teil von mir über den irischen Teil, und umgekehrt? Nicht sehr viel, fürchte ich.“* (Gabriel Rosenstock). Es entstanden vorzügliche, weil von den Dichtern autorisierte Übersetzungen, die in diesem Sammelband publiziert sind.

Das ganz besondere dieser Anthologie besteht zudem darin, dass der Band in Irland und in Deutschland gleichzeitig erscheint. Den poetischen Dialog kann nachvollziehen, wer die eigene Lektüre durch paralleles Hören der beiden CDs vervollkommnet und sich so in das zweisprachige Konzert begibt, das am 28. und 29. Juni 2004 während des *poesiefestival berlin* die Ergebnisse mehrtägigen Arbeitens vor großem und begeistertem Publikum präsentierte.

Die CD macht hörbar, dass Übersetzung nicht ein der Grammatik gehorchender Vorgang ist, sondern eine musikalische Umsetzung, die immer zu neuen Variationen führen kann. In jeder Konstellation haben die Dichter ihren jeweils eigenen Ton mit eingebracht in die Übersetzung: Von der eindringlich leisen Poesie des Paares Gréagóir Ó Dúill – Monika Rinck bis zur raumgreifenden Performance des Paares Gabriel Rosenstock / Armin Senser.
Die sich übersetzenden Dichter gönnten sich auf dem Weg zum guten Gedicht in der anderen Sprache die Freiheiten, die sie brauchten.
Aus dem Gedächtnis von Armin Senser: *„Berlin, Friedrichstraße. Die Botschaft Irlands. Ein exterritoriales Stockwerk. Unerreichbar aus eigener Kraft. Der Attaché schleust die Auserwählten durch. Kaffeekränzchen mit keltischem Dichter, seinem Übersetzer und mit meiner Wenigkeit. Dazu Kekse, gebacken von der Frau des Interlinearübersetzers. Da war die Welt noch in Ordnung, das heißt: die deutsche Vorlage unangetastet. Der Übersetzter stolz: auf die Kekse und sein Deutsch, das aus dem Keltischen kam.*
Später, bei meiner Arbeit, spricht seine Zurückhaltung Bände. Denn jede, in diesem Fall meine, Übersetzung muß verletzen, kränken, schmerzt. Von der Vorlage blieb nichts übrig, konnte nichts übrig bleiben. Jede Übersetzung ist eine Beleidigung. Und für die Kunst nur ein Anfang.“
Cathal Ó Searcaigh hat sogar die Gedichte von Maja Haderlap so sehr gemocht, dass er nicht umhin konnte, eigene Verse hinzu zu improvisieren.
Die Zusammenkunft der Stimmen gibt dem Originalgedicht ein oft überraschendes Echo.
Barbara Köhler verleiht beispielsweise den Versen von Michael Davitt eine ganz neue Dynamik, indem sie den Text „metronomisch genau“ skandiert. Armin Senser deklamiert den Haikuzyklus von Gabriel Rosenstock in stakkato und erzeugt dabei eine theatral inszenierte Spannung. Rosenstock hingegen bringt neue Rhythmus- und Tonhöhenvariationen in das Langgedicht von Armin Senser und versetzt ihm so einen angemessenen Schuss Ironie.

Irische Dichtung wird in Deutschland geschätzt und die neu ins Deutsche übertragenen Gedichte erweitern den zur Verfügung stehenden Fundus. Wir sind also etwas reicher geworden.

„Faszinierend war es, in die Klangräume des Irischen hineinzuhorchen und zu spüren, dass Poesie in ihnen aufs Beste aufgehoben ist." (Dorothea Grünzweig).

Beim von der Literaturwerkstatt Berlin veranstalteten *poesiefestival berlin* wird jedes Jahr einer Sprache durch einen großen Übersetzungsworkshop besondere Aufmerksamkeit geschenkt und dafür gesorgt, dass die Ergebnisse publiziert werden. Für irische Poesie haben wir uns auch deshalb entschieden, weil uns die Sprachentwicklung in Irland unter anderem durch das neu installierte Sprachengesetz, das Irisch gegenüber dem Englisch zur Amtssprache erhebt und nun auch offizielle Sprache der EU ist, exemplarisch für ein überall in Europa zu beobachtendes Phänomen zu sein scheint: Europa wird durch das verstärkte Selbstbewusstsein seiner Regionen erfahrbar, und den regionalen Sprachen kommt dabei eine identitätsstiftende Rolle zu.

Die Lyrik ist hierfür ein wichtiger Motor. Sie fungiert als Brücke zwischen Tradition und Moderne, sie rührt an alten Zeiten und trägt zur Erneuerung der Sprache bei. Die irische Dichtung ist voller Referenzen an alte Mythen und das elementare Erleben von Natur. Fabelwesen sind beseelt und Bäume beredet. Sie sind gültige metaphorische Wendungen und verwurzeln die Dichtung im kultur- und geistesgeschichtlichen Gedächtnis des Landes. Von hier holt sich die Dichtung ihre Autorität beim Verhandeln gegenwärtiger Themen. Nuala Ní Dhomhnaill etwa setzt sich in ihrem Meereswesenzyklus mit dem Sprachwandel in Irland auseinander.

Was Mirko Bonné zu folgender Frage animiert: *Was auf der Welt ist am ältesten? Welches Ding ist das älteste der Welt? Das Deutsche kommt an seine Grenze, schon wenn es darum geht, die Frage zu stellen. Hier, an der Sprachgrenze, ist die Dichtung gefragt, die Mittlerin, die von Sprache zu Sprache und von Zeit zu Zeit reist, durch die Sprachen, durch die Zeiten. Im irischen Gälisch nämlich ist die Frage geklärt, Nuala Ní Dhomhnaill erzählt die irische Sagenwelt neu, sie weiß vom Pferd von Uíbh Ráthach. Es ist ein Pferd ganz aus Wasser und als solches die älteste Erscheinung der Welt. Es stelle an sich nichts besonderes dar, dieses Horse of Iveragh, sagte mir Nuala in ihrem seltsam skeptischen Englisch, es sei bloß „the instance of the oldest thing you could ever think of existing."*

Nicht umsonst gehören Nuala Ní Dhomhnaill, Michael Davitt, Gabriel Rosen-

stock und Cathal Ó Searcaigh dem Lyrikerkreis um die 1971 gegründete Zeitschrift INNTI an, die sich um eine Erneuerung der irischsprachigen Dichtung bemüht. Alle Autoren der Anthologie setzen sich mit dem Schreiben von Lyrik engagiert für die irische Sprache ein. Mit jedem Vers kämpfen sie gegen ihr Verdrängen an.
Biddy Jenkinson, die ausschließlich in der gälischen Sprache schreibt, zieht es sogar vor, dass ihre Werke nicht ins Englische übersetzt werden, da sie der Auffassung ist, dass durch die Übersetzung ins Englische wichtige Elemente ihrer Lyrik verloren gehen.
Für sie war VERSschmuggel eine Übersetzungspremiere:

Das Berlin-Experiment war meine erste Erfahrung in einem Übersetzungsworkshop. Ich wusste nicht, was mich erwarten würde, aber deutsche Gelehrte haben so viel zu irischen Studien beigetragen, dass ich spürte – obschon sie Verse studierten, tausende von Jahren nach jeglichem Datum, zu dem sie Verkaufsschlager geworden wären – dass ich auf freundlichem Terrain sein würde. So war es. Ich habe diesen Workshop genossen und durch alle möglichen Fehler gelernt – wie z.B. das Vergessen meiner Brille zu Hause – dass einige Dinge übersetzt werden können, der gute Wille steht über allem.

Und so dient die Übertragung deutschsprachiger Gedichte ins Irische vielleicht auch ein wenig der Emanzipation dieser alten Sprache und macht bewusst, dass sie zuständig ist für zeitgenössische Poesie aus aller Welt.

Diese Anthologie ist zugleich Tagebuch und Ziel einer gemeinsamen Sprachexpedition: und auch wenn die Wege zwischen den Sprachen manchmal lang waren: *„we came a long way – aber wir kamen an.“* (Monika Rinck)

Aurélie Maurin, Thomas Wohlfahrt Berlin, Februar 2006

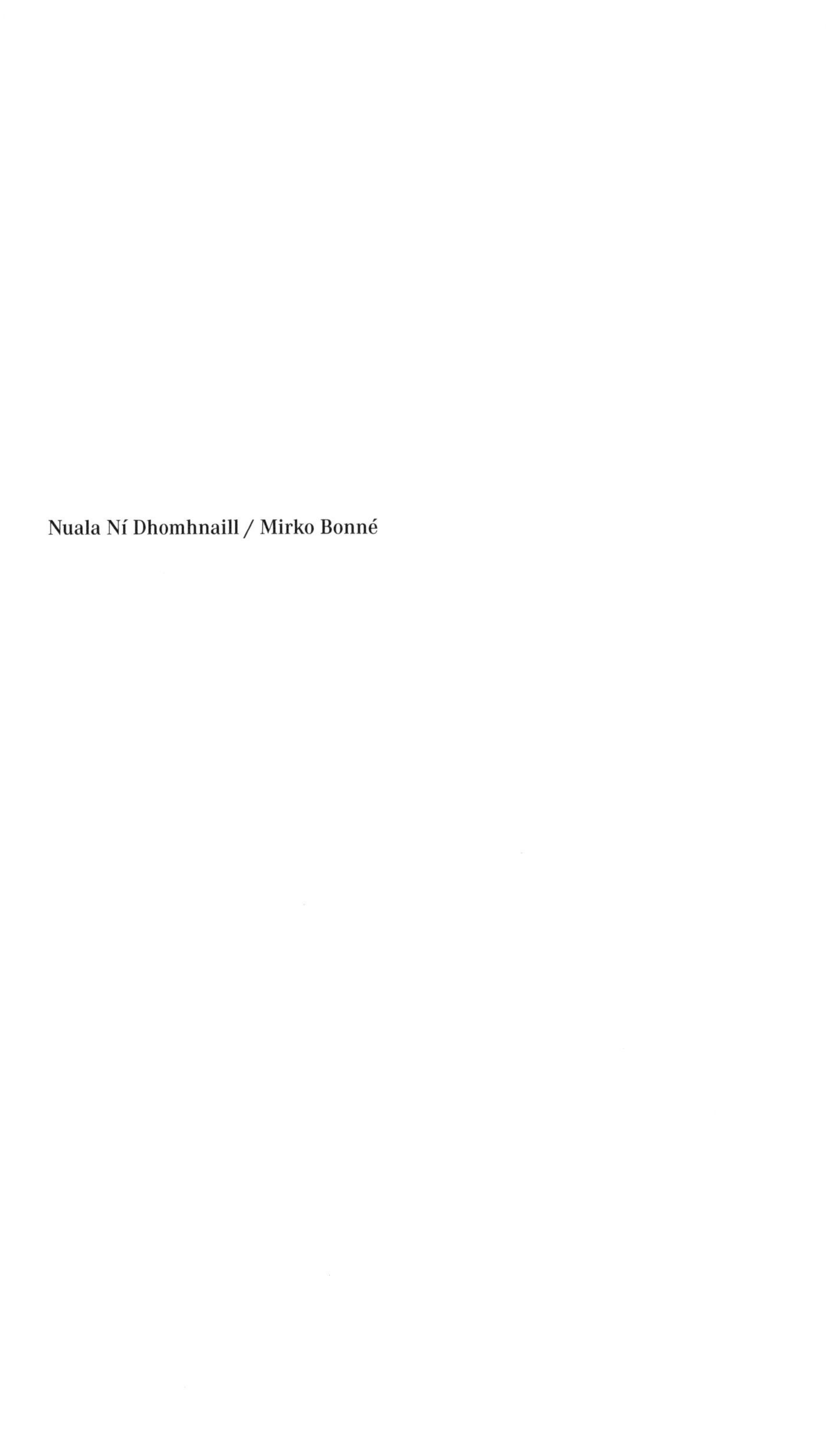

Nuala Ní Dhomhnaill / Mirko Bonné

Nuala Ní Dhomhnaill

An Obair

An móta is bábhún Normannach a chonac isteach thar chuirtín crann
is mé ag tiomáint thar bráid go tapaidh ar an mbóthar,
áit éigin faoin dtuath in aice le Cill Mhaighneann
i gCo. na Mí, a thugann an ainm don áit. Sin í An Obair.

É sin is an cara mná is ansa liom ar domhan ag fáil bháis go mall
in Ospidéal an Adelaide: an grianghraf thíos im' phóca dúinn beirt inár mná
    óga
a tógadh lá Márta, an chéad lá earraigh i nGairdín na mBláth in Ankara
na Tuirce: sinn ag gáirí is gan tuairim againn ar cad a bhí romhainn:

aghaidh na mná Moslamaí ón Ailgéir a chonac le déanaí sa nuachtán
nuair a hinsíodh di go rabhthas tar éis an scornach a ghearradh
ar ochtar leanbh óg dá clann: an file iomráiteach Seirbeach
a bhí ina cheannaire ar mhórchampa géibhinn; an stairí litríochta
a chaith a chuid ama saor lena chairde ag imirt caide le plaosc dhaonna:

m'fhear céile a chaith sé lá i gcóma is mé ag féachaint amach fuinneoga
an tseomra feithimh ar an solas ag dorchú amuigh ar an mbá
idir Dún Laoghaire is Beann Éadair, is ar theacht is imeacht na taoide:
trácht trom ar an mbóthar mar a raibh an saol Fódlach ag rith sall
is anall, ag plódú ar nós na nduilleog a bhí ag péacadh ar gach aon chrann:

– é seo go léir a thabhairt faoi ndeara is áit a dhéanamh dó id' chroí gan
    pléascadh
é seo uile is an móta Normannach a chonac is mé ag gabháil na slí,
áit éigin faoin dtuath in aice le Cill Mhaighneann i gCo. na Mí –
An Obair. Sin í an obair. Sin í an obair nach éasca.

Nuala Ní Dhomhnaill / Mirko Bonné

An Obair

Das Normannische Bollwerk, das ich sah durch einen Baumvorhang
während ich auf der Straße vorbeieilte
irgendwo auf dem Land bei Cill Mhaighneann
in der Grafschaft Mí, gibt dem Ort den Namen: An Obair, Die Arbeit.

Dies, und meine liebste Freundin auf der Welt, die langsam stirbt
im Adelaide-Krankenhaus; das Foto in meiner Tasche von uns zwei jungen
 Dingern,
aufgenommen an einem Märztag, dem ersten Frühlingstag im Botanischen
 Garten
von Ankara: Wir lächeln und haben doch von der Zukunft keinen Schimmer;

das Gesicht der Muslimin aus Algerien, das ich letztens in der Zeitung sah,
kurz nachdem man ihr mitteilte, ihren acht kleinen Kindern
sei die Kehle durchtrennt worden; der bekannte serbische Dichter,
der Leiter eines Konzentrationslagers war; der Literaturhistoriker,
der in der Freizeit unter Freunden mit einem Menschenschädel Fußball
 spielte;

mein Mann, der sechs Tage lang im Koma lag, während ich vor dem Fenster
des Wartezimmers zusah, wie es draußen in der Bucht allmählich dunkel
 wurde
zwischen Dún Laoghaire und Beann Éadair, und wie die Gezeiten kamen und
 gingen;
dichter Verkehr in den Straßen, als wäre die ganze irische Welt unterwegs
von hier nach da in Scharen erschienen wie Knospen an einem Baum;

das alles mitanzusehen und im Herzen zu halten, ohne zu zerspringen,
das alles und das Normannische Bollwerk, an dem wir vorübergingen
irgendwo auf dem Land bei Cill Mhaighneann in der Grafschaft Mí –
An Obair. Die Arbeit. Und keine leichte ist sie.

Nuala Ní Dhomhnaill

Na Murúcha a Thriomaigh

Ar an gcarraig lom seo ar a gcuireann siad isteach
an t-am de ló is a ngainní á dtriomú acu
tagann galair cnis mar oighear is gríosach orthu
is codladh grifín ón mbríos gaoithe is fiú ón leoithne,
rud nár thaithíodar as a n-óige is nár chleachtadar riamh
ar na bánta íochtaracha, iad ag iomrascáil is ag déanamh
gleacaíochta leis na leanaí ríoga. Dar leo tá goin na ré
gach pioc chomh holc leis an ngréin á mbualadh;
gorm a bhíonn siad i ndiaidh goin na gealaí
is buí i ndiaidh an ghrian á leagadh.

Nuair a thagann an rua orthu is go méadaíonn an braon
ins na harasaipil níl luibh ná leigheas a thabharfaidh
aon chabhair mura bpiocfá cúpla rúta de mheacan
an táthabha. Caitear é seo a bhaint i gcónaí
i dtaobh thall den abhainn is é a ullmhú
de dhroim uisce, chun ná geobhaidh an phiast bhaineann
a bholadh is ná neadóidh níos doimhne istigh
idir coirt is croiceann, idir feoil is leathar.
Deintear céirín ansan dó a thairrigíonn an nimh.

Caitheann na mná muincí troma thart faoina muineál
is na fearaibh ceirteacha dearga
nó rud ar bith a chlúdódh rian na sceolbhach.
Deireann an dochtúir liom go bhfuil an sine siain
ar lár ina lán acu. Caitear an ribe tuathail
i mbarr a gceann a stoitheadh nó é a chuimilt go maith
le céir sara gcnagfaidh sí seo thar n-ais iontu.
'An gcualaís an cnag?' a fhiafraíonn sé dóibh
nuair a tharlaíonn an leigheas. Tá dearmhad glan déanta acu
faoin am seo ar shuathadh mearathail na gcaisí doimhne
is ar chlaisceadal na míol mór sa duibheagán.
Uair má seach airíonn siad fós é ag sioscadh

Nuala Ní Dhomhnaill / Mirko Bonné

Die entwurzelten Meerwesen

Auf diesem kahlen Felsen, auf dem sie den Tag
zubringen, während ihre Schuppen vertrocknen,
bekommen sie Hauterkrankungen wie Wundheit und Ausschlag
und den Gliederschlaf von den Böen und noch den lauen Lüften,
Dinge, die sie in ihrer Jugend nicht kannten und nie erlebten
auf den Wiesen in der Tiefe, wo sie rangelten und
wetteiferten mit den Königskindern. Der Mond, scheint ihnen,
sticht sie ebenso böse, wie die Sonne sie schlägt;
blau sind sie nach dem Mondkühleschlag
und gelb, wenn die Hitze sie trifft.

Wenn sie den Rotlauf bekommen und sich der Eiter
in den Geschwüren vermehrt, gibt es kein Kraut und kein Mittel,
das Abhilfe schaffte, es sei denn man grübe nach Wurzeln
vom Eisenhut. Die sammelt man immer
auf dem anderen Ufer des Flusses und bereitet sie zu
jenseits des Wassers, damit der weibliche Wurm
die Pflanze nicht riecht und sich tiefer noch einnistet,
zwischen Borke und Stamm, zwischen Leder und Fleisch.
Dann einen Wickel daraus gemacht, der das Gift zieht.

Die Frauen tragen schwere Halsketten
und die Männer etwa rote Tücher
oder was immer die Spuren der Kiemen versteckt.
Der Arzt sagt mir, das Gaumenzäpfchen
sei bei vielen eingedrückt. Links die oberste Borste
muss man vom Scheitel reißen oder steifen
mit Wachs, bevor es zurückknackt.
„Haben Sie es knacken gehört?“, fragt er sie,
wenn Besserung eintritt. Den verwirrenden Strudel
tiefer Strömungen und die Walchoräle im Abgrund
haben sie mittlerweile völlig vergessen.
Hin und wieder hören sie einen Hauch davon

ar an ngaoith is tugann siad Port na bPúcaí air.
Cuireann siad fíor na croise idir iad agus é.

Sánn siad an fonn a ghabhann leis i gcúl an choicís
nó i bhfolach i bpoll sa chlaí i dteannta
lomadh na gruaige is bearradh na hingne,
an ionga úd a fuaireadar ón lia súl
is na spéaclaí nár chuireadar ariamh orthu.
Tá sé ag lobhadh ansan i gcónaí i dteannta
ceirteacha na gcneathacha, an fhuil mhíosúil
is náireach leo, a mheabhraíonn dóibh is a chuireann
in iúl an slabar is an glóthach tiubh
dár díobh iad. Ní fhreagraíonn siad d'éinne
a ghlaonn as a n-ainm is as a sloinne orthu
ó théann an ghrian ina luí. Tá sé suite meáite
is go daingean i gceann gach uile dhuine acu
gurb ionann freagairt do ghlaoch shaolta
nó do ghlaoch síoraí.

Ní shínfeadh fear ná bean acu ar shúisín
ná ar leaba go mbeadh a gcosa sínte i dtreo na tine.
Dar leo gur cóiriú an duine mhairbh é seo.
Ní maith leo cloch a thabhairt isteach
'on tigh Dé Luain. Dá dtabharfadh leanbh
leis isteach i dteach í do chuirfí iachall air
í a chaitheamh amach arís. Tá cur ina coinne acu.
Fágann na rabhartaí earraigh a rianta fós
ar chlathacha cosanta a n-aigne; gach tonnchosc díobh
ina ghlib ag bruth farraige is ag brúscar raice –
focail a scuabtar isteach mar a bheadh carabháin charraige
ar líne bharra taoide nuair a bhuaileann an ré roithleacáin
aimsir ré an tSathairn, focail a thugann scáil
na seanré fós leo, focail ar nós
'más reamhar, com seang, meanmain uallaigh.'

im Wind und nennen es „Port na bPúcaí".
Dagegen rasch ein Kreuz gemacht.

Sie wischen den Rest dieser Klänge beiseite
oder verbuddeln ihn in demselben Loch wie
für abgeschnittene Haarwolle und Fingernägel,
die Salbe, die ein Augenarzt ihnen einmal verschrieb,
und die Brillen, die sie nie trugen.
Dort rottet es vor sich hin so wie die
Monatsbinden, derer sie sich schämen,
so sehr erinnern sie sie an den
Modder und klebrigen Schleim,
aus dem sie gemacht sind. Sie antworten
keinem, der sie nach Sonnenuntergang
bei ihren zwei Namen ruft. Unwiderruflich
steht für jeden von ihnen fest,
dass antworten auf einen weltlichen Ruf
antworten auf einen ewigen heißt.

Ob Mann, ob Frau, keiner läge auf einer Decke
oder dem Bett mit den Füßen in Richtung Feuer.
Ihrer Ansicht nach liegen so bloß die Toten.
Sie mögen es nicht, bringt einer montags
einen Stein ins Haus. Brächte ein Kind einen
ins Haus mit, sie würden es zwingen,
ihn vor die Türe zu werfen. Das lehnen sie ab.

Frühjahrsüberschwemmungen hinterlassen Spuren
an den Deichen ihrer Gemüter; jeder Wellenbrecher
stirnfransig in der Brandung voller Treibgut und Strandgut;
entlang der Hochwassermarke waschen Seeigeln gleich
Worte herein, wenn das Schwindelgefühl
des Sonnabendmondes sich einstellt, Worte, die
den Schatten alter Zeiten mit sich führen, Worte wie
„breite Hüften, Wespentaille, flatterhaft".

Mirko Bonné

Manöverkritik

Es würde den Sandweg erklären,
die eingefahrenen Spuren,
die in der Dämmerung leuchten,
sodass ein Kauz, anhand Schatten,
einen Anhaltspunkt hätte,
und der Weg sichtbar wird,
bevor er noch ansteigt.
Ein Grund für die Böschung!

Ferner zurückgelassene Proviantreste
und Milchlachen im Huflattich,
unter abblätternden Armeelastern,
eine Art Manöverkritik,
Herbst verwitternder Tarnung,
ein Wäldchen, rechtzeitig entlaubt,
wo Kinder nach Patronen graben,
aber deutlichere Spuren?

Und Winter. Gleich, ob mit Schnee
oder dem Frost von Silvester,
oberhalb des Rübenfeldes,
am Rande des Käuzchenkreises,
stünde die Wentzenburg,
wie es beim Schlachten erzählt wird.
Der Sandweg führte hinauf, es gäbe eine Brücke,
im First des Raubritterdachs nisteten Uhus.

Mirko Bonné / Nuala Ní Dhomhnaill

Scrúdú Iarbháis

Mhíneodh sé an cosán gainimhe,
cén fáth go bhfuil na claiseanna chomh domhain,
iad ag borradh faoi chlapsholas
chun go mbíonn pointe tagartha
bunaithe ar scáileanna, ag an ulchabhán
is cén fáth go mbíonn an cosán chomh sofheicthe
sula n-éiríonn sé i gcoinne an aird?
Ábhar maith chun port cosanta a thógáil!

Níos sia siar tá iarsmaí oráiste
agus locháin bainne ar maos sa sponc,
faoi leoraithe – a ndathanna síonídithe
á scú díobh – sórt scrúdú iarbháis.
Fairis sin tá fómhar faoi cheilt
á chreimeadh ag an aimsir, doire beag
ina mbíonn páistí ag tóch ag lorg cartús
ach na claiseanna a bheith níos soiléire.

Tagann an geimhreadh. Is cuma an le sneachta
nó le sioc na hathbhliana,
os cionn gort na dtornapaí
ar imeallraon an ulchabháin,
is ann a sheasaíodh dún na Bheindeach
mar a n-instear fós sna scéalta am mharaithe na mbeithíoch.
Is ann a théadh slí na gainimhe i gcoinne an aird.
Bhíodh droichead ann is bhíodh an t-ulchabhán
ag déanamh nide i mbarr binne an ropaire barúin.

Mirko Bonné

Bleibe

Ein Herz geht kalt in kalt in kalte Welt ...
Schuppen auf Schultern, so lässt sich lurchen,
ungewöhnlich müdes Tier. Ein wärmendes Rätsel,
wie viel Zeit wird vergehen, ehe die Erzählungen
gelöst sind. Straße, Dach, dünner Mann auf der Straße,
Wäldchen, das so aus Klängen ist. MENSCHLICH,
HIER, ist das mehr als ein Ort, eine Bestimmung?
Sprüh es an die Fassade. Wer lebte sechs nasskalte Jahre
wenig warm gehalten als Olm, wen hielten die Pilze jung,
Rauch, röhrenförmig, nahm das Nervöse, die Tageszeiten
schneiten vorbei, dark, bright, wer fand eine Bleibe
im Übergang und bekam Augen?

Mirko Bonné / Nuala Ní Dhomhnaill

Cónaí

Tá croí ag dul go fuar isteach i ndomhan fuar, fuar ...
gainní ar ghuailne, slímeadáil an airc luachair,
ainmhí bocht atá traochta thar cuimse. Má bheireann
an tomhas ar an dteas, cé mhéid ama is gá chun na freagraí
a fhuascailt? Sráid, díon, fear tanaí ag siúl na slí,
doirín ar foluain le fuaimeanna. DAONNA,
ANSEO, bhfuil níos mó i gceist ná áit, nó críochphointe?
Spréigh ar aghaidh na dtithe é! Cé mhairfeadh
ar feadh sé mbliana, fuar agus tais, gan oiread teasa
á choimeád leis is a dhéanfá le súmaire? Cé bhí
á choinneáil óg ag muisiriúin? Deatach i bhfoirm pípe
a thóg an créatúir neirbhíseach. Imíonn tráthanna na haimsire
thar bráid faoi bhrat sneachta *dunkel hell,* cé fuair cónaí
sa tsealadacht agus a dh'fhás súile?

Gréagóir Ó Dúill / Monika Rinck

Gréagóir Ó Dúill

An Frog sa Bhucaeid

Tá frog sa bhucaeid.
Cá fhad anois ansin é? Is ar éigean beo:
Ní bhogann an scornach,
Tá mogall ar na súile,
Tá an craiceann iomlán tirim,
Ina ghlóthach seirgthe,
Ar dhath luaithreach na móna thart air,
Ina chac tirim caora ag an mhóin,
Ina chamal caillte sa ghaineamhlach shinciarainn

Tiontaigh an bucaeid bun os cionn,
Nó ní cónra mhiotail é dá leithéid shoineanta
Nár thuill an cillín buí.
Amharc air. Bogann sé, suíonn ceart,
Droim íota le spéir, géaga le sráid,
Súile leat. Ní iarrann. Fanann.

Buacaire an chlóis taobh leat, ní haon rud mór
Boiseog a shilt anuas air, braon ar bhraon.
Amharc a dhroim, dathanna ag filleadh ar an chraiceann leis an bhaisteadh.
Tógann sé a dhá lámh mar chosaint ar a shúile
Nó malaí agus fabhraí níor bronnadh air san ubh.

Agus imigh leat, anois, do ghnósa déanta.
Cead amhairc i gcionn leathuaire agat – ní bheidh sé ann.

Gréagóir Ó Dúill / Monika Rinck

Frosch im Eimer

Der Frosch ist im Eimer.
Seit wann ist er dort? Das Leben entweicht ihm.
Reglos sein Hals, das Auge von Lidern verdunkelt
Staubtrocken die Haut, ist er dörriger Laich.
Von der Farbe der torfblonden Asche, die ihn umhüllt.
Schafsköttel, über Torfflamme gedörrt – das ist er.
Er ist – in der Wüste aus Wellblech verloren –
Ein irres Kamel.

Leer den Eimer aus.
Seiner Unschuld entspricht kein scheppernder Sarg,
Noch eine pissgelbe Zelle.
Seh ihn dir an. Er regt sich, richtet sich auf,
Seinen verwüsteten Rücken zum Himmel, die Glieder hofwärts,
Die Augen dir zu. Fragt nicht.Wartet.

Der Wasserhahn im Hof ist nahebei, es ist dir ein Leichtes
Mit zum Napf geformten Händen, ihn zu befeuchten, Tropfen für Tropfen,
Von oben. Sieh an – wie das heilsame Wasser auf seiner Haut
Die Farben entdeckt.
Ohne Brauen geboren hebt er beide Hände
Zum Schutz seiner unbewimperten Augen.

Gute Arbeit. Du kannst gehen.
Wenn du, nicht vor Ablauf einer halben Stunde, nachsiehst, ist er weg.

Gréagóir Ó Dúill

Coinnle Samhna

I gcuimhne ar Ken Saro-Wiwa agus ochtar eile Ogoni a crochadh sa Nigéir 10 Samhain 1995

Seasann coinneal idir gach spíce, agus thíos ag cois an bhalla
Tá praiseach solais de choinnle ag dó,
Geal agus dearg, buí agus ómra, gorm agus dubh,
Beag ramhar, ard tanaí, cornta casta,
Coinnle altóra, coinnle Nollag, coinnle déanta grá, coinnle beaga seomra luí linbh,
Cuid i bprócaí, cuid ina seasamh saor, iad ag dó
I gcomhcheilg chiúin le haimsir seo gheimhreadh Éireann.
Tá gort de bhlátha solais, de nóiníní Nollag
De bhladhmanna beaga gáis, de chúr miontonnta
Ag creimeadh an bhalla, balla seo na hAmbasáide.
Cogarnaíl de phaidrín páirteach ag na coinnle os comhair na hAmbasáide.

Shleamhnaigh na giollaí amach i ndiaidh meán oíche,
Mála dubh plaisteach ag gach giolla, is rug ar shiúl
Na coinnle, na prócaí sin a scoilt, a lúb, a leáigh faoin teas.
De shiosal is de chasúr ghlanadar go healaíonta an chéir
A leáigh le spící, le balla, le casán, an chéir a leáigh,
A d'ealaigh ina línte, ina linnte, ina slaoda, ina srutha,
An chéir a rith, a chruinnigh, a chruaigh.
Bhaineadar de shiosal í.

Ar maidin is léir mí-éifeacht a gcuid oibre
Nó tá coinnle is blátha is céir uilig glanta as radharc
Ach síneann rian na toite soiléir ar an bhalla
Ag déanamh a bhealaigh éiginnte in airde go deimhin
Agus tá lámha spréite na nduilleoga cnó capaill ar an talamh
Ina gcuimhneacháin ar an chroch,
Ina ngeallúint ar choinnle a chrochfar ag maisiú gach crainn, teacht an earraigh.

Gréagóir Ó Dúill / Monika Rinck

Novemberkerzen

In Erinnerung an Ken Saro-Wiwa und acht weitere Ogoni, die in Nigeria am 10. November 1995 gehängt wurden

In alle Lücken zwischen Eisendornen ist eine Kerze hingestellt
Und unten dann am Fuß der Mauer brennt ein Lichter-Ratatouillie
Lautlos aus mehr Kerzen noch. Rot und Weiß, beige und bernsteinfarben,
Rabenschwarz und dunkelblau. Kleine, dicke, große, schlanke
Gewunden und gekrümmt. Altarkerzen, Weihnachtskerzen, Kerzen
Der Verführung, kleine Kerzen für das Zimmer, wo die Kinder schlafen.

In Bechern manche, manche stehen frei, alle brennen regungslos,
Verschworen mit dem seltsam ruhigen Winterwetter Irlands.
Ein Feld aus lichten Blümchen, Astern und aus steten Flämmchen,
Nachtheller, bläulicher Schein auf dem Schaum kleiner Wellen,
Frisst sich an der Wand hinauf, der Wand von dieser Botschaft.
Die Kerzen flüstern einen Rosenkranz am Eisentor, gemeinsam.

Bedienstete schleichen sich nach Mitternacht heraus, jeder einzelne
Bedienstete mit einer schwarzen Plastiktüte, die Kerzen, die Stummel
Trugen sie fort, die aufgeplatzten Becher, geschmolzen, von der Hitze gekrümmt.
Mit Meißelschlägen säuberten sie künstlerisch die Wand,
Die Eisendornen und den Fußweg von dem Wachs, das Wachs,
Das hingeschmolzen ist, entkam in Bächen, Seen, Strömen, Flüssen,
Das Wachs das floss, zusammenfloss und sich erhärtete –
Sie sprengten es mit einem Spachtel ab.

Doch mit dem Morgen kommt die Einsicht, dass ihr Werk vergeblich war
Die Kerzen sind so wie die Blumen, wie das Wachs verschwunden
Doch der Rauch hat deutlich seine Spuren hinterlassen
Und der Ruß, so offensichtlich da, verstieg sich an der Wand nach oben
Und am Boden Blätter von Kastanien, die fünf Finger einer
Aufgespreizten Hand, wie Gedanken an den Galgen, als Versprechen
Jener Kerzen, Kerzen der Kastanien, die mit dem Frühling kommen.

Monika Rinck

es war vorbei

es war vorbei – der sommer war es sicherlich
die sonne kannte nur noch gegensätze
und wo sie fort war war sie fort.
ab sonntag deutlich kühler, aber
jetzt noch nicht – was für ein licht
das uns verlängerte und die fassaden
in den rechten winkel brachte, harte schatten
geometrisches – ein enggeschnürtes päckchen
war die summe dieses sommers – warte doch
herr doktor benn fegt eben noch
die fetten rosen hin –

Monika Rinck / Gréagóir Ó Dúill

B'in é

B'in é, b'in a raibh ann, b'in deireadh an tsamhraidh gan amhras:
ní thuigeann an ghrian aon idir eatarthu
is nuair atá sí imithe, tá réitithe glan, ní hann a thuilleadh di.
Ón Domhnach s'chugainn beidh fionnuaire ins an aer nár tháinig fós i dtír,
gaetha an tsolais sonraitheach fada anois, ár ndéanamh ard,
ag cur claochló ar aghaidh na dtithe, á bhfágáil soiléir, glé.
Gach líne snoite, crochann a scáil dhílis féin aisti
ag cur dlúthchruas i gcrot gach tí.
Ceangail néata ar bheart an tsamhraidh, don tseilf, don taisceadán.
Ach fan nóiméad
tá an Dochtúir Benn ag scuabadh tonn de rósanna ramhra ar shiúl.

Monika Rinck

tour de trance
my task, she said, was poisoning time

wie sich alles drehte, wiederholte, dehnte,
und rotierte, die wärme war a space so vast,
so katastrophisch groß, war sie arena
worin die trümmer von objekten trieben,
wilde schläge in der ferne, keiner hörte,
jeder fühlte, die wellen der erschütterung.
wo etwas fehlte, wurde alles größer,
drehte sich, rotierte, kam in's schlingern
und blieb dann in der mitte liegen.
die müdigkeit war eine kur, das gewicht
der atmosphäre, halluzinogene leere
federte, es drehte sich jetzt weniger
als wären die schläge, in dem was sie sind
gegenstand der verdünnung, als würde
die zeit, der reißende raum, präzise und
zärtlich vergiftet, in ihrem gewebe stiege
die chemische schwäche, es schäumte,
erstickte, das weiße lager der krusten,
das sich formierte, wird reicher und toxisch
verrauschten die schläge, es dreht sich,
dreht sich unmerklich, und steht.

Monika Rinck / Gréagóir Ó Dúill

tour de trance
My task, she said, was poisoning time.

Thart timpeall, timpeall arís thart timpeall
d'imigh an roth thart timpeall agus shín sa chúrsa
i bhfad ag síneadh amach sa teas sin,
te, chomh te, mór marbh millteach ollthubaisteach
in airéine mhór an teasa
agus ballóga na bhfothrach scaipthe ann thart timpeall
ó bualadh ann an tubaiste sin de thonnchrith ba léir do chách.
D'at an poll, d'at a raibh ann sa scáileán, chas thart timpeall,
rothlaigh, luasc ó thaobh go taobh,
thit ar a thaobh sa lár, is d'fhan.
Bronntanas anuas an tuirse, íocshláinte, ortha na tuirse,
an t-aer trom tuirseach tuirsiúil cortha
a bhfuil poll ann beo le fantaisí
tagann moill go mall ar imeacht na gcos,
Buann éifeacht an chogúis ciúin cinnte
ar mhire an ama, ar an spás fhiáin,
caitheann fáinne fí an timpill tanaí
agus leathann béal an fholúis.
Tagann cúr ar an bhéal sin, plúchann sé, atann, ramhraíonn sé,
líonann blas na nimhe
téann na buillí i laghad
i léig,
casann an roth thart uair eile gan muid in ann a fheiceáil
fanann ina sheasamh.

Michael Davitt / Barbara Köhler

Michael Davitt

Oilithrigh

Ní rabhamar ar ár gcaid
Ní rabhamar ar dhrugaí
Ní rabhamar fé gheasa lucht geasa
Ní rabhamar fé gheasa reiligiúin
Ní rabhamar ar thaibléidí dochtúra ná piollaí
Ní rabhamar á fheiscint ar TV
Ní rabhamar á léamh ar nuachtán

Bhíomar ag bogshodar síos an bóithrín fada caol go Loch Deán
Ar maos inár séireatoinin fhéin
Slogtha siar inár mbeathaidh ag an aimsir láithreach

Cróch is coitsín fan na slí, gabhair, cleabhair is cleamairí

Oiread na fríde ó bheith inár n-oilithrigh aimsir Chaoimhín
Oiread na fríde ó bheith in ann an domhan a thuiscint

Michael Davitt / Barbara Köhler

Pilger

Wir warn nicht besoffen
Wir warn nicht bekifft
Wir warn nicht behext von Hexern
Wir warn nicht behext von Religion
Wir warn nicht auf Psychopharmaka
Wir habens nicht im Fernsehn gesehn
Wir habens nicht aus der Zeitung

Wir trabten den schmalen Steinpfad hinab nach Loch Deán
Satt mit körpereignem Serotonin
Lebend verschlungen vom Jetzt

Krokus und Koschenille am Weg, Böcke, Bremsen und Brummer

Einen Schritt nur entfernt von den Pilgern zu Chaoimhín's Zeiten
Einen Schritt nur entfernt davon die Welt zu verstehn

Caoimhín: St. Kevin, mittelalterlicher Heiliger; ein alter Pilgerpfad verbindet sein Kloster mit Loch Deán

Michael Davitt

Tráthnóna Fliuch Domhnaigh

Is cuma cá raghair
gheobhaidh tú tráthnóna
fliuch Domhnaigh den tsaghas

a thugadh ort do shrón
a bhrú suas i gcoinne na fuinneoige cúil
id gharsún,

mar fhínné súl
ar tharlúint léanmhar éigin
nár tharla ach a d'fhéadfadh tarlúint.

Chuireadar an clog siar aréir.
Tráthnóna inniu
tá deatach ag na simnéithe,

tá an saol ina chuirtín iompaithe
taobh tuathail amach,
tá *hiraeth* san aer,

bhraithfeá an oíche
ag bagairt ó mhaidin
mar a bheadh scáil luath an Luain

D'fhéadfá bheith
id aonar sa domhan
gan aon áit

le dul
is fuílleach ama agat
le dul ann.

Michael Davitt / Barbara Köhler

Nasser Sonntagnachmittag

Wohin immer du gehst
bekommst du so einen nassen
Sonntagnachmittag ab von der Art

die dich als Jungen
immerzu dazu brachte die Nase
ans Hinterhof-Fenster zu pressen

um zum Augenzeugen
zu werden einer trüben Begebenheit wie
sie nie geschehn ist, aber hätte können.

Letzte Nacht drehten sie die Uhr zurück.
Heute nachmittag
rauchen die Kamine schon,

Leben ist eine verdrehte Gardine
draussen die falsche Seite
und *hiraeth* liegt in der Luft.

Als könntest du die Nacht spüren
als eine Drohung seit morgens
als käm schon der Montag als Schatten zum Vorschein.

So könntest du
allein auf der Welt sein
ohne Ort

um hinzugehn
mit einer Menge Zeit
das zu tun.

Hiraeth ist das kymrische Wort für eine Art Sehnsucht, Melancholie

Michael Davitt

An Díbeartach

Tháinig is d'imigh fir an bhrúscair.
Táim im luí ar thaobh sráide
Faoin mbáisteach ag bogadh sall is anall
Ar mo bholg plaisteach sa ghaoith.
Tá máilín cruinn súchaite tae
Greamaithe dem chléibh,
Cárta poist de thráigh aislingiúil dem thóin.
Dá bhféadfainn breith ar mo hata
Atá caite i mbéal geata
Ní bheifeá ag sá do shúl
Chomh sotalach síos im anam dorcha,
Tusa a bhfuil do hata geal miotail
Fáiscthe anuas go dlúth ar do cheann.

Michael Davitt / Barbara Köhler

Der Verworfene

Die Müllmänner kamen und gingen.
Ich liege im Rinnstein im Regen
kollere ich her und hin
auf meinem Plastikbauch im Wind.
An die Brust ein rundes gebrauchtes
Teebeutelchen gepresst,
eine Postkarte mit Traumstrand am Arsch.
Käm ich doch bloß an meinen Deckel
den's in den Torweg geweht hat
du würdest nicht so von oben herab
mir in die dunkle Seele starren,
du mit dem metallglänzenden Hut
so tief in die Stirn gedrückt.

Michael Davitt

An Fuacht

Cad eile 'bheadh uaim sa tsaol:
cead teachta is imeachta
gan beann ar éinne

is an oíche ag titim le faobhar
is an sioc ag tuirlingt ón spéir
is an fuacht ag crapadh na réalt?

Cad eile 'bheadh uaim sa tsaol:
bheith neadaithe isteach
fé charn blaincéadaí

is an sioc amuigh ina shuí
is an fuacht ag siúl timpeall an tí?
Cad eile 'bheadh uaim sa tsaol:

muga breá tae le héirí gréine
is canta aráin agus im air
agus subh bhreá mhilis shú craobh

is an dúthaigh chomh bán le heala
is an lá chomh cruaidh le speal
is an intinn chomh geal is chomh géar?

Michael Davitt / Barbara Köhler

Der Frost

Was soll ich vom Leben sonst wolln:
Frei kommen und gehn
Ohne Rücksicht auf wen

Wenn die Nacht aufs Land niederfällt
Und der Frost her über die Felder
Und die Kälte die Sterne schrumpft?

Was soll ich vom Leben sonst wolln:
Warm stecken unter
Einem Berg Decken

Wenn der Frost sich draussen festsetzt
Und die Kälte das Haus einkreist?
Was soll ich vom Leben sonst wolln:

Ein Pott Tee, geht die Sonne auf,
Kanten Brot mit gut Butter drauf
Marmelade von süssen Himbeern

Und die Gegend so schwanenweiss
Und der Tag so hart wie eine Sichel
Und der Verstand so glänzend und scharf

Barbara Köhler

Gedicht

ich nenne mich du weil der Abstand
so vergeht zwischen uns wie Haut
an Haut wir sind nicht
zu unterscheiden zu trennen eins
und das Andere die Grenze ist
die Verletzung der Übergang
eine offene Wunde du nennst mich
ich wer von uns beiden sagt
hier hast du ein Messer
mach meinen Schnitt.

Barbara Köhler / Michael Davitt

Dán

'Tusa' a thugaim orm féin
An tír eadrainn ar ceal
Mar chroiceann ar chroiceann
Nílimid éagsúil
Níl aon idirdhealú
Aon líne teorann sinn araon
Gan eadrainn ach pian
Créacht sáite
An ball trasnaithe
'Mise' a thugann tú ormsa
Cé againn a déarfaidh:
'Seo dhuit mo scian,
Bí ag gearradh.'

Barbara Köhler

In the movies

Film ist vierundzwanzigmal
Wahrheit pro Sekunde
Jean-Luc Godard

Vierundzwanzigmal pro Sekunde
laufe ich mir davon kommt etwas
auf mich zu sagt: Ich

laufe davon bin fest
gehalten in den Bildern
die laufen ein Massaker
jede Bewegung eine Wendung
im Schlaf in vierundzwanzig
Stück pro Sekunde Stunden
der Tag zerteilt eine gepreßte
Stimme die Tonspur sagt: Ich

habe mich verlaufen sehe vor
lauter Bildern den Film nicht
den Stillstand sehe mich vor
vierundzwanzig Feststellungen
pro Sekunde bewegt die Hand
in den Mund gestopft: Leben

tut weh Madame beißen Sie zu.

Barbara Köhler / Michael Davitt

In the movies

Is é an scannán fiche ceathair fírinne gach soicind
Jean-Luc Godard

Ceithre huaire fichead sa tsoicind
Rithim uaim
Tagann im threo rud a rithfeadh liom
Teithim uaidh i ngreim docht íomhánna reatha áir
Gach cor codlata i gceithre mhír is fiche sa tsoicind
Uair an chloig, lá
Go teann, fuamrian
Á rá, táim ar fán, na frámaí idir mé is brí iomlán
Reoite, mé os comhair ceithre ráiteas ar fhichead sa tsoicind
Corraíonn lámh sáite
I mbéal bheith beo
An ghoin, Madame,
Bain greim.

Barbara Köhler

f e r m a t e

e i n h a l t e i n i n n e
h a l t e n i n n e w e r d e n
& n i c h t m e h r w e i t e r
w i s s e n , w o l l e n i n
a l l e s t i l l e f ä l l t
d e r k l a n g d a s l o s
g e l a s s e n e g e b ä r d e
d e s e r i n n e r n s a u s
b e r ü h r e n e n t s t e h n
t ö n e s c h w i n g u n g e n
g e s p a n n t e r s a i t e n
b ö g e n h ä u t e – e i n
k l a n g e i n v e r l o r n

g e g e b e n e s

Barbara Köhler / Michael Davitt

Stad

Síneadh amach
Istigh
Teacht in iúl
Gan dul i bhfios
Santú sa tost
Fuaim thumtha
Ligean le sruth na cuimhne
As cuimilt snámhann tonnchrith
Téad teannta
Bogha is seithe
Cling as radharc
Na gcluas.

Barbara Köhler

(Ohne titel)

Ich übe das Alleinsein, und ich denke, ich habe es darin schon ziemlich weit gebracht. Ich rede mit der Sprache, manchmal antwortet sie. Manchmal antwortet auch jemand anders. Ich rechne nicht mehr damit, verstanden zu werden. Mathematik ist nicht mein Fach.

Barbara Köhler / Michael Davitt

(Dán gan Ainm)

Táim ag cleachtadh bheith im aonar
Ag dul chun cinn ó lá go lá
Bím ag caint leis an teanga
Uaireanta, freagraíonn
Uaireanta, freagraíonn duine eile
Ní dóigh liom a thuilledh go dtuigfear mé
Ní hí an mhatamaitic mo ghairm.

Biddy Jenkinson / Dorothea Grünzweig

Biddy Jenkinson

Suantraí na Máthar Síní

Ceartaigh a mhaoinigh
go bpógfad do chrúibín
Lúbaim ladhrán is ladhraicín faoi
Fillim an muicín seo
Fillim an muicín siúd
Féach muicín dána ag gobadh aníos

Seo seo a thaisce
tá cúram le déanamh
Méirín méarán méarachán sí
Igín ar laoidín
Glaicín ar chircín
Bindealán síoda
ar chosa mo chroí

Cé gur scréagóigín í
siúlfaidh mo chailín
mar bhambú lá gaoithe
mar bhuinneán sailí
Fillim ordóg, fillim lúidín
Lótas athfhillte
gach méirín faoi iamh

Tá clabhcaí faoi Chlíona
Tá spága faoi Mháire
Tá Peigí spadchosach
's leifteáin faoi Niamh
Deasaigh a stóirín
mo lámh ar an bhfáiscín
mé Maimín do leasa
dod chumhdach le cion.

Biddy Jenkinson / Dorothea Grünzweig

Schlaflied einer chinesischen Mutter

Leg dich lieb hin mein Goldschatz
damit ich deine Füße küsse
und ich deine Zehchen biege
Erst das erste Wackermännchen dann
das zweite Wackermännchen schau dies
freche Wackermännchen hebt schon wieder den Kopf

Ja mein Liebling
so muss es sein
auf die Zippelzappelzehen
ein Kapüzchen
Bänder für die kleinen Waden
Fesseln für mein Gackerchen
Seidenstrickchen für die Süße

Jetzt ist sie ein Schreihals
doch wird sie sich bald wiegen
wie es Bambus am Windtag tut
wie eine Weidengerte
Binden wir den großen Zeh, binden wir den kleinen
falten den Lotus schön zusammen
jedes Zehchen zugedeckt

Edeltraud hat Plattfüße
Anneli hat Klatschfüße
Ursula hat Watschelfüße
und Veronika Latschfüße
Bleib ganz ruhig mein Schnuckelchen

meine Hand auf die Spange deines Schuhs
Ich will bestens für dich sorgen
bin ich ja dein Mütterchen.

Biddy Jenkinson

Crannchur

Sa dairchoill idir chamáin chrann
le coimheascar lae
luíomar gan chraiceann seal
sa chríonach méith.
Chuireamar préamha geala fúinn
is chuaigh le craobh
gur deineadh crainn
faoi lánduilliúr
dínn araon.

Scar an t-uabhar daonna linn
mar d'éireodh éan.
Bhraitheas gluais na coille ag rith
inár leagan séimh
is idirshnámh ár ngéag teann
le gus an tsaoil.

Dhein crainn na coille rothalchleas
faoi bhroideadh gaoithe.
Chuireadar a gcinn i gcré
le teacht na síne
is chrochadar a bpréamha in airde
ag maslú Geimhridh.

Leanaimis sampla ár gcomhchrann ar theacht don oíche.
Seasaimis béal fúinn sa chré, beag beann ar dhaoine
ag deochadh linn faoi mhúr duilleog
go soilbhir simplí
is sneachta caoin ag cigilt
ár mbarraicíní.

Biddy Jenkinson / Dorothea Grünzweig

Das Baumlos

Im Eichenwald von Bäumen
umrankt lagen wir
in der Dämmerung
schutzlos für eine Weile
auf dem herbstlichen Grund.
Da schlugen wir helle Wurzeln
und trieben Äste bis
Waldbäume aus uns beiden wurden
unter üppigem Laub.

Unsere Hybris verschwand
wie ein Vogel auffliegt.
Ich spürte das Fließen des Waldwesens
wie es zog durch uns
durch die Adern unsrer Astarme
die im Einklang warn mit dem Lebenssaft.

Die Bäume machten Kopfstände
als der Wind in sie stieß.
Sie steckten den Kopf in die Erde
beim Einfall des rauheren Wetters
und hielten ihre Wurzeln hoch
aus Trotz gegen den Winter.

Lass uns dem Beispiel der Mitbäume folgen
jetzt wo die Nacht naht
kopfunter uns in die Erde stellen
und unterm Blätterberg Küsse tauschen
heiter und schlicht
und der Schnee kitzelt sanft unsere Zehen.

Biddy Jenkinson

Eanáir 1991

Ná póg in aon chor mé an Eanáir seo.
Ní éireodh aon fhuiseog ar do bhéal-bhéim.
Thitfeadh
dreoilíní coscartha Stiofáin
go talamh eadrainn.

Ná tóg mo lámh.
Thiocfadh na méara díom
'na gcoinlíní reo.

Ná bog mo chroí
nó pléascfaidh an fliuchreo ann
ar athreo.

Ná féach im shúile
nó préachfar thú
le fuacht.

Ná habair liom
go bhfuil an saol faoi choim
go bpéacfaidh síol
go ndéanfaidh do phóga earraigh ealta éan.

Seasaimis gan phóg gan dóchas
in áit na marbh
faoi gach buama a thiteann
mar fhianaise
nach dár ndeoin iad.

Biddy Jenkinson / Dorothea Grünzweig

Januar 1991

Nein küss mich nicht in diesem Januar.
Es wird durch deinen Munddruck keine Lerche fliegen.
Es stürzt
St. Stephans Zaunkönig
zu Boden zwischen uns.

Fass nicht an meine Hand.
Die Finger fielen mir ab
wie Eiszapfen.

Mach mir mein Herz nicht weich
sein Schmelzfrost würd
zu Hartfrost schnellen.

Schau mir nicht in die Augen
du würdst erstarren
vor Kälte.

Sag mir bloß nicht,
die Welt geht ihren Gang
es keimen Samen und
deine Frühlingsküsse erzeugen Vogelschwärme.

Komm hier zum Totenort
stelln wir uns kusslos trostlos
unter die Bomben, jede die fällt
und machen sichtbar -
wir wollen sie nicht.

Anmerkung: Am St Stephan's Day wurden früher nach heidnischem Brauch Zaunkönige getötet. Dem Zaunkönig wurde der Verrat am heiligen Stefan zugeschrieben.

Dorothea Grünzweig

Über den Sprachen

Vjell hat andere Wörter als ich andere Namen
wenn ich *Wald* sage gibt er *korpi* zurück
lumituisku hält er *Schneegestöber keväinen*
                                        Frühlings- entgegen
Beispiele könnte ich nennen wie
Flocken so viele wir spielen gern mit den Worten
gern spielen sie untereinander
Leben mit ihnen ist aber auch Kreisen
                                        um Fragen wie
Verstehen wir sie recht verstehen sie uns
sind sie sich gut gehen sie ein aufeinander
was nicht immer der Fall ist Kümmern um
Kümmernis wegen der Worte
                                        bis wir anstatt
gelassen zu bleiben ganz wirbelig werden
Zeiten gibt es da haben sie Einschluss
in uns keiner
hört sein eigenes Wort
das bringt uns dazu nach
unseren Wörtern wie auch nach denen des anderen
Heimweh zu haben welches
so anschwillt dass wir einander meiden müssen

Oder aber und das ist das Schönste versteht ihr
        erfahren wir lange ans Brückengeländer
                gelehnt schultervereint Kopf an Kopf
                        die Wortnot als Freiheit Enthebung

schiesst das Wasser unter uns fort sind wir
        ein Boot nordwärts flussab zum schwebenden Meer
                schweigsam im Rumpf doch jauchzend an den Rändern

Dorothea Grünzweig / Biddy Jenkinson

Ceist Teangan

Ní thugann Vjell agus mé féin
na hainmneacha céanna ar aon ní beo.
'Coill,' adeirimse. Deir seisean *'wald'*
Ar shneachta cáite tugann sé *'schneesturm frühling'*
Tá oiread difríochtaí téarmaíochta eadrainn
agus atá calóga sneachta inár dtimpeall.
Is maith linn imirt focal,
iad a chur ag spraoi.
An dtuigimid iad? An dtuigeann siad a chéile?
An bhfreagraíonn siad dá chéile?
Ní i gcónaí. Gírle guairle focal.

Leanann, ar ball, imní.
Tá focail faoi ghlas istigh ionainn,
iad dorcha ina lár.
Ní chloisimid na focail againn féin.
Babhta den eolchaire.
Tost.

Seasaimid ar dhroichead os cionn abhann,
glún le glún,
guala le guala.
Ní gá focail anois.
Is faoiseamh san.

Sníonn an t-uisce ó thuaidh.
Muide bád béaldaite faoin droichead
í ag gluaiseacht, le sruth go muir.

Dorothea Grünzweig

Es ist ein Sterben angebrochen

der Erdball unter uns ist
klein geworden
kommt es vom Druck der
Menschenschwere von Atemnot
von einer Traurigkeit die zehrt
der Erdball klein
er

hat sich in sich selbst verkrochen
leis weint hinein in sich
er ist nach innen eingezogen als ob
aus einer Not er lehnen wollte

Es ist ein Sterben angebrochen
ein Schrumpfen unter unseren Sohlen Ziehn
Unruhe die schlaflos macht
der Erdball klein weint weint geworden
wie Bäume vor dem Fällen
wie Sterbende hinein in sich
die nicht ans Sprechen Klagen glauben

Es ist ein Sterben in den auch
Träumen angebrochen sahen wir
den Erdball Erdbälle als Köpfe
von ihnen Haare wie in die Luft
gesprengte stürzten Häuser Bäume
stürzten unzählig Tote aus aller armen Welt

Es ist ein grosses Sterben
der kleine Erdball angebrochen
weint es rings weint um und viel
Verlassenheit von guten Geistern

Dorothea Grünzweig / Biddy Jenkinson

An Bás do tháinig chugainn.

An Bás do tháinig chugainn.
An chruinne ché seo fúinn
do chríonaigh sí.
Ar luigh ár meáchan daonna uirthi?
Nó an díth anála a loit í?
Nó ar leonaigh seirglí í?

Chúb sí inti féin
is í ag caoineadh,
liocaithe ag easpa aeir,
gan aon taca aici.

Bás do tháinig chugainn.
Do chrap an chré faoinár gcosa.
Craitheadh. Croitheadh.
Cailleadh cumais suain.
Caoineann an chruinne os íseal
amhail crann sula leagtar é
nó duine i mbéal éaga
ag cailleadh, gan olagón,
gan éagaoineadh.
An Bás do tháinig chugainn.

Bás i mbrionglóid.
Cruinne, cloigeann, cloigne
gruaig stoite séidthe,
tithe, crainn
pléasctha.

An t-éag in uachtar go huile san uile aird.
An bás do tháinig chugainn.
An chruinne bheag seo
ag caoineadh léi,
ag caoineadh léi,
tréigthe ag lucht céille.
Ár gcruinne ché.

Dorothea Grünzweig

Glasstimmen Lasinäänet

Glas lasi lasst uns erzählen
es ließ uns der Mai in der Glashütte
leben und war bei der Rückkehr vom

Glashüttenfest das Meer
aus Glas aus Glas

Sprünge dienten als Rinnen für Schiffe
das Meer bestand sonst aus
Tiefenhöhlen hohlen Höckern
Kämmen Kuppen schwebenden Schellen
Gongen Klingeln Klangglast Glockenschimmer
wenn die Sonne dazu
das Fernwehn des Winds
spielte mit dem wogenden Glas

Es reisten mit uns besondere
fürs bleibende Kindsein erwählte
Kinder und klärte sich dass
die gläserne See und die tönenden
singenden Stimmen der Kinder

aus einundemselben Gemenge sind
lasinäänet Glasstimmen rein

nicht gefährdet glaskrank
zu werden wie das bei unseren Stimmen ist die
zu Asche und Sand zerfallen können
Kappen sind oft auch auf unseren Mündern
während der Mund der Kinder
freigesprengt ist

Dorothea Grünzweig / Biddy Jenkinson

Gloine ag clingeadh

Gloine glas, gloinescéal
ag filleadh dúinn ó theilgcheárta gloine
Mar ar chaitheamar fleá na Bealtaine
Ba ghloine í an mhuir
Gloine glan glé

Ba ghága i gclár gloine ród na long
Bhí aillte oighir san aigéan, carcair cheoil
gíoscán glórach grod, géiseacht cuan,
cruthloinnir, clingeadh clog
grian is gaoth i gcéin
ag spraoi le hoighearbhrúcht gloine

Linne ar bord loinge
bhí ealta de leanaí le Dia –
Ní chaillfidís riamh a n-óige –
Chan siad agus ba den damhna céanna glór an oighir
Is ceiliúr gliadrach gléineach na leanaí

Ba ghloine i gceol é
Claisceadal

Ní raibh aon fhabht i nglórtha na leanaí
Tá síol an lualthrigh sna guthanna againn féin
Mianach deannaigh
Minic go mbíonn gobán inár mbéil
Is sciúchadh leanaí saor

Dorothea Grünzweig

Bei der Heimkehr vom
Glashüttenfest inmitten der
gläsernen Weite des Meers
Glas lasi lasienäänet

ereignete sich dass das farbige Glas der
          Kinderstimmen sich schob übers
                    weiße Glas unserer Stimmen
                              mannigfaltig in Mustern in Tönen
                                        entstand überfangenes Glas

kellojenkieli kilisee helisee
kilkatus kimallus
Glas lasi lasienäänet

Dorothea Grünzweig / Biddy Jenkinson

Le linn dúinn filleadh ón bhfleá sa teilgcheárta gloine
D'éirigh na guthanna i gclaisceadal ceoil

Do dhlúthaigh gloine daite na nguthanna leanbaí
Le dromchla bán ár gcuidne
Gur deineadh gloine fíor is atá
É fillte fáiscthe ildaite glé.

Glocken dingela schimmern klingen
Gloine ag clingeadh
Stimmen aus Glas

Cathal Ó Searcaigh / Maja Haderlap

Cathal Ó Searcaigh

An Crann ag Caint

Is mise an crann a scriosfar,
a chuirfear ó bhláth, amárach, go brách.

Gearrfar mo mhaorgacht gan trócaire;
Fágfar mo ghéaga spréite
i salachar na sráide –
mo ghéaga téagartha.
Goidfear bláth bán mo gháire.

Scriosfar a bhfuil i dtaiscidh agam
i smior na gcuimhní;
mo chéad deora áthais; mo chéad duilleog dhóchais;
an chéad siolla ceoil a chuisligh i mo ghéaga;
an chéad earrach a chur culaith ghlas orm.

Na scéalta eachtraíochta a tháinig chugam
ó na héanacha; na neadracha a bhláthaigh
faoi chúram craobhach mo shúl;
na stoirmeacha a cheansaigh mé
i mboige mo bhaclainne;

Na páistí a luasc idir an saol agus an tsíoraíocht
i mo chraobhacha; na cogair rúin
a hinseadh domh faoi choim na hoíche;
an ghealach a ghléas mé i lása óir an fhómhair;
na haingle a thuirling orm sa tsneachta.

2

Le teangaidh bhéal-líofa na nduilleog
chosain mé go seasta, colgach,
an spás seo ina mbeathaím;
ina gcraobhscaoilim go machnamhach
na smaointe glasa a thig chugam san earrach.

Cathal Ó Searcaigh / Maja Haderlap

Der Baum spricht

Ich bin der Baum, der morgen zerstört wird,
dem das Blühen genommen wird für immer.

Meine Pracht wird gnadenlos gefällt werden,
meine ausholenden Äste werden
im Staub der Straße liegen –
diese kraftvollen Äste.
Entfernt werden die weißen Blüten des Lachens.

Zerstört alles, was ich verborgen hielt
im Mark der Erinnerung,
die erste Träne des Glücks, das erste Hoffnungsblatt,
der erste Klang der Musik, der meine Glieder durchströmte,
der erste Frühling, der mich kleidete in grün.

Abenteuerliche Geschichten, zusammengetragen
von den Vögeln, Nester, die blühten
in der verzweigten Wachsamkeit meiner Augen,
Stürme, die ich bändigte
in meiner sanften Umarmung.

Kinder, die schaukelten zwischen Leben und Ewigkeit
auf meinen Ästen, das Liebesgeflüster,
das zu mir drang im Schutze der Nacht,
der Mond, der mich hüllte in goldene Gewänder des Herbstes,
Engel, die auf mich fielen im Schnee.

2

Mit den sprachkundigen Zungen der Blätter
Kämpfe ich zäh und aufbrausend
um den Raum, in dem ich lebe,
in dem ich bedächtig die grünen Gedanken verbreite,
die zu mir kommen im Frühling.

Cathal Ó Searcaigh

Le síolta dea-mhéine, chlúdaigh mé
an spás talmhaí seo i mo thimpeall le dearfacht,
mar cheiliúradh ar an spiorad coille
a d'adhmadaigh istigh ionam go teann
agus mé ag teacht i gcrann.

Agus amárach nuair a dhófar mé,
nuair a dhéanfar toit de mo chnámha,
aontóidh mé leis an spéir, an spéir thintrí!
a líon mo shamhlaíocht ó dhubh go dubh
le niamhaireacht, le solas!

Cathal Ó Searcaigh / Maja Haderlap

In guter Absicht bedecke ich den Boden
unter mir mit Sporen der Zuversicht,
zur Feier des Waldgeists,
der mich zu Holz erstarren ließ,
als ich ausgewachsen war.

Und wenn ich morgen verbrenne,
wenn Rauch aus meinen Knochen gemacht wird,
gehe ich ein in den Himmel,
der meine Sehnsucht beherrschte vom Anbruch
der Dämmerung bis zur Nacht
mit Strahlen und Licht.

Cathal Ó Searcaigh

Cárta poist chuig Yosuf san Iaráic

Anocht i mboige an Mhárta i Manhattan
sheas mé ar leac dorais an tí
ina mbíodh cónaí ort i mBleeker Street
nuair a thug mé gean duit sna hochtóidí.

Mhoilligh mé ag doras úd an aoibhnis
ag cuimhniú ar oícheanta gealaí ár ngrá
nuair a bhíodh ár gcómhrá ar d'áit dhúchais –
mínte gréine na hIaráice idir Najaf agus Hillah.

Níl fhios agam cá bhfuil tú anocht
agus dúshraith an tsaoil ar crith, a chroí,
ó Najaf go Hillah; do dhaoine ag creathnú
roimh an neart gan cheart seo atá á n-ionsaí.

Tá buamaí na barbarthachta ag titim oraibh,
ag déanamh carnáin de bhur gcathracha, conamar de bhur mbailte,
agus is mór m'eagla go bhfuil do bheatha i mbaol
idir Najaf agus Hillah agus iad ag treascairt do thailte.

Anocht agus mé ag moilliú ag doras an tí úd
ag smaointiú ort, chuimhníos gur dhúirt tú liom tráth:
'Tá tír dhúchais an fhile le fáil i gcroíthe
na ndaoine atá faoi dhaorsmacht.' Anocht, a ghrá,

Caidé a thig liom a rá ach dearbhú duit
i dteangaidh mionlaigh nach gluintear sa challán
go bhfuil mé leat go hiomlán. Tá an buama ag breith bua
ar mo bhriathra is an diúracán ag déanamh magaidh de mo dhán.

Ach anocht, tá mé leat, a fhir álainn na hIaráice,
óir is é do chroíse amuigh ansiúd i mbéal an uafáis
fód beo mo dhúchais, fearann pinn mo dhaonnachta.
Dá bhrí sin agus dá bharr sin, a dhíograis,

dearbhaím go bhfuil mé leat anois ó bhaithis mo chinn
i Najaf go bonn mo choise i Hillah ...

Cathal Ó Searcaigh / Maja Haderlap

Postkarte für Yosuf im Irak

Heute, in der lauen Märznacht in Manhattan
stand ich auf der Türschwelle des Hauses
Bleeker Street, wo du wohntest
in den Achtzigern, als ich dich liebte.

An jener Tür der Freude blieb ich stehen
und dachte an die Mondnächte unserer Liebe,
als unser Gespräch um den Ort deiner Herkunft kreiste,
um das Bauernland zwischen Najaf und Hillah.

Ich weiß nicht, wo du heute Nacht bist,
da das Leben bis zum Grunde erbebt, mein Herz,
von Najaf bis Hillah deine Leute erzittern
vor der rechtlosen Macht, die euch überfällt.

Die Bomben der Barbaren fallen auf euch,
verwandeln Städte zu Grabhügeln und Dörfer zu Trümmerhaufen.
Während das fruchtbare Land zwischen Najaf und Hillah
zerstört wird, fürchte ich um dein Leben.

Heute Nacht, als ich an der Tür deines Hauses vorbeikam
und an dich dachte, fiel mir ein, wie du sagtest:
Die Heimat eines Dichters ist im Herzen
des Verfolgten zu finden; auch heute Nacht, mein Geliebter.

Was kann ich tun, außer dir in einer Sprache,
die nicht gehört wird, zu beteuern,
dass ich bei dir bin. Doch die Bombe besiegt
meine Worte und das Geschoss verhöhnt mein Gedicht.

Ich bin mit dir heute Nacht, herrlicher Mann aus dem Irak,
dein Herz dort am Eingang zur Hölle ist der Ort
meines Ursprungs, das menschliche Zentrum meines Schreibens.
Deshalb und aus diesem Grunde wisse Geliebter,

dass ich bei dir bin von Kopf in Najaf bis Fuß in Hillah.

Maja Haderlap

piran

im nachbarhaus ist ein kommen und gehen,
mich aber hält der spindelbaum von den blicken fern.
durch den verwachsenen garten führen nur
pfade für katzen, kröten und schnecken.
laut schüttelt das meer den gestanksmantel ab.
auf meinem schreibtisch üben
erdachte personen den fehlenden dialog.
ich sitze da, wie am grund einer alten verstörung.
presse luft in die gedächtniszellen,
um sie lebendig zu halten, gehe abends
über die piazza tartini und komme
morgens mit frischen melonen vom markt.
zweimal die woche schaut frida vorbei.
warum heiraten sie nicht, ruft sie aus den sträuchern,
immer noch besser, als einsam zu sein.
heute wird eine kröte die warzen verlieren,
weil ich sie küsse, sage ich.
da möcht, ich trauzeugin sein, liebe dichterin.
wieder fällt eine tür ins schloß.

Maja Haderlap / Cathal Ó Searcaigh

Baile Cois Trá – Duilleoga Dialainne

Tá triall ar theach na gcomharsan, fir agus mná mailíseacha,
isteach is amach i dtráth is in antráth. Coinníonn an crann
craobhach seo cosaint bheo liom ó gach béim súl a chaitear
i mo threo. Tá an gairdín imithe fiáin le fiailí, scrobarnach
ar fud na slí, ceapa na mbláth ina chascoill dheilgneach.
Tchím rian taise an tseilide ar fud na háite. Tá seanchat ribeach
ag siúl timpeall, cráite ag na gearbóga ocrais
atá ag cur tochais ann. Ón trá tá boladh trom séarachais
ag éirí chugam ó chladach na n-eangach.
Tá mé 'mo shuí anseo sa chiúnas scaitheamh,
ag tabhairt neacha nach maireann chun solais,
á dtoghairm le mo dhán – tá siad lán dóláis.

Le coim na hoíche siúlfaidh mé trasna na cearnóige
chuig caifé uaigneach i gCaolshlí na Fearnóige.
Ar maidin pillfidh mé arís le mealbhacán milis
ó mhargadh na sráide. Tá Frida an-dhílis, cúpla uair
in aghaidh na seachtaine tig sí chugam ar cuairt.
'Cad chuige nach bpósann tú, a chroí?' arsa sise
go himpíoch, 'Is fearr an t-imreas ná an t-uaigneas.'
Tá sí ar mhaithe le mo leas i gcónaí.

Piocfaidh mé suas an seanchat giobach.
Má phógaim an cat seo, a déarfad go gealgháireach,
is cinnte go gcaillfidh sé a chuid gearbóga gránna.
Inniu tá léas buile na héigse 'mo phógadh,
b'fhéidir go ndéanfaí fear álainn den chat fiú.
Má tharlaíonn sé sin ligfidh mé liú in ard mo chinn
is mo ghutha a bhrisfidh na fuinneoga
ar theach na gcomharsan. Smearfaidh mé iad le mo phóga.
Tá mé 'mo shuí anseo faoi chrann craobhach.
Osclaím doras glas mo dháin do gach neach.

Maja Haderlap

deckname

habe straßenkarten auswendig gelernt und
verschlungene wege. meine haut spannt weiß,
wie vom kalksand eingefärbt. unter den fingernägeln
brechen schachtelhalmknospen auf als wegweiser.
worte surren im hautzelt, das ich vor mir hertrage
als schutzschild, als täuschungsmaske.
ich schlage die trommeln und lasse leuchtraketen steigen,
die gefährlich aufflammen unter der hautoberfläche.
ein lufthauch könnte mir die maske
vom körper reißen. noch weht er nicht,
noch glaubt man mich zu erkennen.
wenn mein name genannt wird, soll
ein weißes tuch in der landschaft sein. ich war da.

Maja Haderlap / Cathal Ó Searcaigh

Tearmann

An seo tírdhreach m'anama atáthar a thaibhreamh
i bhfís domh anois, tráthnóna beag seo an tsolais bháin –
an dúiche rúin seo atáthar a nochtadh as na duibheagáin?
Nuair a fhéachaim síos tchím iad go soiléir ag soilsiú
ansiúd san áit is uaigní i mo chroí, san áit is sia i mo stuaim –
na garbhchríocha ina mbeathaím, ina mbuanaím.
Anois is léir domh táilte fáin ar a bhfásann go binn
focla fraoigh, ina gcluinim comhrá ciúin cíbligh.
I dtobainne, tá mé ag sní thar theorainn mo chraicinn,
ag síneadh i gcóngar mo chinn, ag fairsingiú

i mbithchríoch m'inchinne. Anois tá talamh
míntírithe mo chéille ag gabháil i bhfiántas, ag tiontú
arís ar a dhúchas cíbe. Mar chomharthaí,
tá giolcaí ina gcolgsheasamh ar chosáin mo chuimhne,
'mo threorú isteach i ríocht rúin mo chinniúna ...
Ní mise an mise a bhíodh ar eolas agaibh, a chairde cléibhe.
Nuair a labhrann sibh liom anois ní mise a thugann freagra
ach a bhfuil ionam de theangaidh bheo an tsléibhe.
Labhraim libh i gcumhracht raideoige, i bport na fuiseoige.
Anois le teacht na hoíche, san áit ina raibh mé, lorgaigí
ceannabháin ag séideadh i mbéal na gaoithe.

Gabriel Rosenstock / Armin Senser

Gabriel Rosenstock

Farrera

sraith haiku
arna scríobh i bPiréiní na Catalóine, Aibreán 2003

1. gaotha ag éag –
cosán sléibhe tréigthe
'dtí an seanséipéal

2. timpeallaithe
ag cama an ime –
nach stuama é an capall

3. gile Aibreáin
deireadh an tsneachta
á fhógairt ag an bhfiach

4. cuach!
le gach glaoch
leánn an sneachta

5. an é nach ngealfaidh
an lá amárach?
an lá ar fad, na fáinleoga

6. seandún?
bualtrach
brothall

7. nach milis é an féar!
an capall sléibhe
nár sléachtadh fós

8. an sruthán sléibhe
ag brostú leis –
cén áit?

Gabriel Rosenstock / Armin Senser

Farrera

Ein Haiku-Zyklus
geschrieben in den Katalanischen Pyrenäen, April 2003

1. Sterbende Winde –
ein verwaister Bergpfad
zur unbenutzten Kirche

2. Wie nüchtern
steht in einem Feld
von Butterblumen – das Pferd

3. Sonnenschein im April –
der Rabe verkündet
das Ende vom Schnee

4. Kuckuck!
vom Kuckucken
schmilzt der Schnee

5.. Als ob morgen
der Tag nicht anbräche –
den Tag über, Schwalben

6. Eine Festung?
von der Sonne
gebrannter Dung

7. Das Gras ist grün
das Pferd
noch nicht geschlachtet

8. Der Bergbach
stürzt und stürzt
wohin?

9. áit éigin sa cheo
   an cloigín timpeall
      mhuineál an chapaill

10. an chuach –
   éist!
      an ag comhaireamh siollaí atá sí?

11. seanfhear ag canadh sa ghort
   meallann an ghrian
      an gleann anuas

12. an mhiúil fhoighneach ina seasamh –
   cad is dóigh léi
      de na gealbhain?

13. am bia –
   an seanóir ag canadh
      do na coiníní

14. aon fhuaim bhriosc amháin –
   guth na ngealbhan
      sileadh an tsneachta leáite

15. aer tanaí an tsléibhe
   gach áit: sna gága
      gallchnó folamh

16. cnoic faoi shneachta –
   béal an tsearraigh
      breac le bainne na lárach

17. a sheanchloig
   i dtúr Farrera de Pallars –
      cathain a labhróidh tú arís?

Gabriel Rosenstock / Armin Senser

9. Im Nebel irgendwo
die kleine Glocke
am Hals des Pferdes

10. Ein Kuckuck!
Horch!
Prüft er die Anzahl der Silben?

11. Ein singender Alter
zieht die Sonne in seinen Bann
und ins Tal

12. Der Esel stockt
was denkt er
von den Sperlingen?

13. Zeit versorgend –
singt der Alte
den Kaninchen was vor

14. Ein frischer Klang –
Sperlingsstimmen
Schnee, der tropft

15. Dünne Bergluft
überall: in Felsspalten
in der leeren Walnussschale

16. Schneebedeckte Hügel –
das Maul des Fohlens
befleckt mit Muttermilch

17. Alter Glockenturm
in Farrera de Pallars –
wann wirst du wieder schallen?

18. an t-iora rua
    (ar chrann nach n-aithním)
        tá deartháir aige ag baile

19. an cnagaire adhmaid
    is máistir é
        fiú roimh eadara

20. taoi amuigh ansan,
    áit éigin, i do thost,
        a shionnaigh shleamhain

21. cén fáth ar dheis?
    cén fáth ar chlé?
        féachaint shaonta an ghealbhain

22. na héadaí a fágadh
    ar an líne: athbheoite
        ag bailc úr sléibhe

23. scamaill dhubha
    ag triall ar an gcéad ghleann eile –
        cumhracht an chaife láidir

24. leathanach bán
    agus sneachta Farrera –
        nach léir í an Úrchríoch

25. litríocht á plé
    an oíche go léir:
        tostmhar an fíon sa ghloine

26. gíoscán na gclár urláir –
    tuairisc ar chogadh
        i gcéin

Gabriel Rosenstock / Armin Senser

18. Das Eichhörnchen
(auf dem mir unbekannten Baum)
ist auch bei mir zu Haus

19. Der Specht
ist ein Meister
im Frühaufstehen

20. Du bist draussen,
dort, wo die Stille ist,
listiger Fuchs

21. Warum rechts und
links schauen? – unmöglich es
vom Sperling zu lernen

22. Die aufgehängten Kleider
sind wiederbelebt worden
vom frischen Regen

23. Dunkle Wolken
brechen auf ins nächste Tal –
starker Kaffee

24. Vor dem leeren Blatt
und dem Schnee Farreras
wird der Buddhismus klar

25. Literatur die ganze
Nacht und der Wein im Glas
wird still

26. Das Knacken der Dielen –
Kriegsberichte
aus der Ferne

27. meán oíche –
    níl gíocs ó chloigín
        an chapaill sléibhe

28. maidin ghlas
    crobh iolair
        tairneáilte sa doras

29. uan aonair ag méileach
    an fhuaim
        á seachadadh ag na sléibhte

Gabriel Rosenstock / Armin Senser

27. Mitternacht –
    kein Laut
        von der Glocke des Pferdes

28. Frostiger Morgen
    die Adlerkralle
        an die Tür genagelt

29. Ein Lamm wimmert
    der Ton erreicht
        Berg um Berg

Gabriel Rosenstock

Lár na Cruinne

Aimsigh lár na cruinne, arsa Krishnamurphy.
Conas? arsa na deisceabail.

Tuig, arsa Krishnamurphy,
Tuig nach tusa lár na cruinne
Is osclófar lár na cruinne dhuit.

Gabriel Rosenstock / Armin Senser

Das Zentrum des Universums

Finde das Zentrum des Universums, sagt Krishnamurphy.
Wie? fragt ein Jünger.

Begreife, sagt Krishnamurphy,
begreife, du bist nicht das Zentrum
und das Zentrum zeigt sich dir.

Gabriel Rosenstock

Oscail!

‘Oscail! Oscail!’
arsa an fiaclóir le Krishnamurphy.
‘Ní fhéadfainn bheith níos oscailte!’
arsa Krishnamurphy i gcogar.

Leis sin, soilsíodh aigne an fhiaclóra.

Gabriel Rosenstock / Armin Senser

Öffnen!

Öffnen! Öffnen!
sagt der Zahnarzt zu Krishnamurphy.
Ich kann nicht offener sein
sagt Krishnamurphy röchelnd

und dem Zahnarzt geht ein Licht auf.

Gabriel Rosenstock

Glantóir Graifítí

Tá jab nua faighte ag Krishnamurphy.
(Caitheadh amach as an zú é.)
Is glantóir graifítí anois é.
Stuif mar seo:
TÁ DIA MARBH
Nietzsche
Agus faoina bhun:
TÁ NIETZSCHE MARBH
Dia

Níl aon dealramh leis sin, a deir Krishnamurphy.
Níl Nietzsche marbh, ná an diabhal é.
B'fhéidir gur marbh atá a chroiméal
Ach níl aon chruthúnas ceart againn air sin ach chomh beag.
Níl éinne marbh dáiríre.
Cuimhnigh ar fheartlaoi Osho:
'Osho – nár rugadh riamh
Nár cailleadh riamh '
Ambaist!

Gabriel Rosenstock / Armin Senser

Graffiti-Putzer

Krishnamurphy ist arbeitslos.
(Der Zoo hat ihn entlassen.)
Jetzt entfernt Krishnamurphy Graffiti,
solche Sachen wie:
GOTT IST TOT – von Nietzsche

und:

NIETZSCHE IST TOT – von Gott

Krishnamurphy sagt: das ergibt keinen Sinn.
Nietzsche ist nicht tot, auf keinen Fall.
Vielleicht ist sein Schnurrbart verschwunden,
aber dafür gibt es auch keinen eindeutigen Beweis.
Im Grunde ist niemand tot
vor allem nicht dann, folgt man Oshos Epitaph:
„Ich – Osho – bin weder geboren
noch gestorbern."
Ich schwörs!

Armin Senser

Großes Erwachen

Ich erwache. Alles ringsum erwacht.
Decke, Wand, Türe, Vorhänge, Tische,
der Boden, Stühle erwachen. Wimpern,
Haare, Arme, der Nacken, Rücken,
Bauch, Hüfte, Schenkel, Waden, Gelenke,
Knöchel, Zehen, Nägel, Finger erwachen.
Es erwachen Lippen, Zunge, Gaumen,
das Gähnen, der Bauchnabel, Nasenflügel,
das Bewußtsein erwacht, der Raum, die
Zeit erwachen, alles erwacht. Dinge und
Menschen. Liegen, Sitzen, Stehen, Torkeln,
Halten erwachen. Das Blut erwacht und
der Atem. Der Lichtschalter, Spiegel,
die Blendung, das Zwinkern, Zähne,
Zahnfleisch, Falten, Bart, Unterhose – Penis
und Urin erwachen. Es erwacht ein Fluch,
ein Wort, ein Blick erwachen. Farben.
Beine übereinandergeschlagen, der Brustansatz.
Ein Stück Nacht erwacht und ein Fetzen Traum.

Prag ist erwacht und Rom. Der ganze Balkan
erwacht. Und Afrika erwacht von Süd nach
Nord. Schanghai erwacht nach Peking, aus dem
Schlaf gerüttelt von zitternder Hand. Leningrad
erwachte in einem Zug, auch Stalingrad. Linz
ist erwacht, dann München, Berlin – die ganze
Welt. Niemand schläft. Kein Mensch. Dinge
schlafen nicht. Auch nicht Tiere.
Erwacht ist alles. Nichts das schläft.

Montag, Dienstag, Mittwoch, Donnerstag,
Freitag und Samstag erwachen. Auch
heute und morgen, Hemd und Hosen,
Kaffee, Tee, das Geschirr erwachen.
Gequietsche, Geklirre, Blubbern, Schlurfen

Armin Senser / Gabriel Rosenstock

Mórdhúiseacht

Dúisím. Dúisíonn an uile ní thart orm.
Dúisíonn an tsíleáil, an falla, na doirse, na cuirtíní, na boird,
an t-urlár, na cathaoireacha. Dúisíonn fabhraí,
clúmh, lámha, an muineál, an droim,
an bolg, an cromán, ceathrú, colpa, na hailt,
rúitín, méara na gcos, ingne, méara na lámh.
Dúisíonn na beola, an teanga, na carbaill,
an mhéanfach, an t-imleacán, na polláirí,
dúisíonn an comhfhios, an spás, an
t-am, dúisíonn gach aon ní. Nithe
agus daoine. Dúisíonn idir luí agus suí, tuisil,
greim. Dúisíonn an fhuil agus
an anáil. Dúisíonn an lasc sholais, an scáthán,
an dalladh, bobáil súl, fiacla,
drandail, roic, féasóg, fobhríste – dúisíonn an bod
agus an mún. Dúisíonn eascaine,
focal, catsúil. Dathanna.
Cosa caite i mullach a cheile, tús na cíche.
Dúisíonn píosa den oíche agus smut den bhrionglóid.

Tá Prág ina dhúiseacht agus an Róimh. An chríoch Bhalcánach
go léir. Dúisíonn an Afraic ó dheas ó
thuaidh. Dúisíonn Shanghei tar éis Bhéising, lámh chreathach
á mhothallú as a shuan. Dhúisigh Leiníngrad
ar an traein, Stalingrad chomh maith. Tá Linz
ina dhúiseacht, München ansin, Beirlín – an domhan
go léir. Ní chodlaíonn éinne. Críostaí ar bith. Ní
chodlaíonn nithe. Ná ainmhithe ach an oiread.
Tá gach rud ina dhúiseacht. Ní thiteann néal ar aon ní.

Dúisíonn an Luan, an Mháirt, an Chéadaoin, Déardaoin,
an Aoine agus an Satharn. Dúisíonn chomh maith
an lá inniu is an lá amárach, léine agus brístí,
caife, tae, soithí.
Dúisíonn gíoscán, gligleáil, blobarnach, tarraingt

erwachen und Adjektive, Verben im
Indikativ und Konditional. Es erwacht der
Ablativ, Vokativ und jedes Motiv.
Alles ist da – ist wach. Nichts kennt mehr
den Schlaf. Auch er ist erwacht mit dem
Unbewußten und mit den Geheimnissen.
Der Nebel erwacht und die Dämmerung,
der Sonnenschein, Wolken, der Sturm, der
Hurrikan. Treppen erwachen, Straßen
erwachen, Plätze mit Statuen, Kugeln,
Toten und Kanonen, Panzern, Liebespaaren.
Häuser sind erwacht und Kamine, von
Ost nach West mit einem bitteren Geruch.
Antennen erwachen, Nachrichten, Schatten,
Wärme und Kälte. Wasser, Eis, Gase
im Äther und in Lungen. Atome erwachen
und die Radioaktivität. Wahrscheinlichkeit
und Statistiken erwachen zugleich mit allen
Zahlen, Gesetzen, Regeln und Fehlern.

Niemand kann seine Augen schließen.
Alles wird wach. Ob Materie oder Seele,
Engel oder Potentat. Und Wissen erwacht.
Auch das Vergessen und mit ihm
erwacht Erinnerung, Verbrechen,
Grausamkeiten und Freiheit, Neid
und Einsamkeit. Der Rassismus, der
noch schläft erwacht. Sekten, Pamphlete,
Lethe erwachen, Styx und Dante.
Väter erwachen, Mütter, Kinder, Föten,
Spermen, Eizellen, alle Verwandten.
Freunde erwachen, Kränkungen, das
Lachen. Wünsche erwachen, erfüllte
und unerfüllte und wecken Schicksale.
Geweckt werden Katastrophen, Ehen
und ihre Kombinationen. Es erwachen

na gcos, agus aidiachtaí, briathra sa
mhodh táscach is sa mhodh coinníollach. Dúisíonn
an t-ochslaíoch, an gairmeach is gach aon mhóitíf.
Tá gach aon ní ann – i láthair, ina dhúiseacht. Níl eolas
ar an gcodladh ag aon ní níos mó. Tá an neamh-chomhfhios –
focal nach dtaitníonn le Cathal Ó Searcaigh,
an neamh-chomhfhios (ach tá sé ann) –
tá an neamh-chomhfhios ina dhúiseacht agus na rúin.
Dúisíonn ceo agus breacadh an lae,
scaladh gréine, scamaill, stoirm, spéirling.
Dúisíonn staighrí, dúisíonn sráideanna,
dúisíonn cearnóga agus a ndealbha, urchair,
na mairbh agus na gunnaí móra, tancanna, lánúineacha.
Dúisíonn tithe agus tinteáin, soir
siar agus boladh goirt uathu.
Dúisíonn aeróga, scéalta nuachta, scáthanna,
teocht is an fuacht. Uisce, oighear, gás
san éatar agus sna scamhóga. Dúisíonn adaimh
agus radaighníomhaíocht. Dúisíonn an dóchúlacht
agus staitisticí chomh maith le gach
uimhir, dlí, riail agus dearúd.

Níl éinne in ann na súile a dhúnadh.
Gach aon ní ina dhúiseacht. Idir dhamhna agus anam,
an t-aingeal is an monarc. Agus dúisíonn an t-eolas.
Dúisíonn an dearúd agus an
chuimhne ina theannta, an choiriúlacht,
cruáil agus saoirse, an t-éad
is an t-uaigneas. An ciníochas a bhí
ina chodladh tá sé ina shuí. Seicteanna, paimfléidí,
Seán Ó hUiginn agus Seán Ó Riain ina ndúiseacht.
Dante agus Pádraig de Brún.
Dúisíonn aithreacha, máithreacha, páistí, suthanna,
speirmeacha, uibheagáin, na gaolta go léir.
Dúisíonn cairde, maslaí, an
gáire. Bailegangháire. Dúisíonn na mianta a shásaítear

die Möglichkeiten und Wirklichkeiten.
Es stehen auf Zukunft, Vergangenheit
und Gegenwart, einander gleichgestellt.

Aufgewacht sind auch Laute, Babel
und Sprachen. Gesang und Lieder.
Madrigale. Sonette. Die Oper. Verse.
Alles erwacht unverhofft gerade
jetzt. Strophen erwachen, der Versuch,
der Roman erwachen und Entwürfe.
Allesamt aufgewacht in Bibliotheken,
im Hörer, Leser, Verleger, im Autor –
in Gedanken, auf dem Papier, in Tinte,
Stein, auf kleiner runder Scheibe sind
erwacht die Große Elegie für John Donne,
Gezählte Tage, der Brief an Lord Byron,
der Divan, Spaziergang, die Bukolik,
Epoden und alle Vaginen und Hoden.
Noah erwacht und die Ertrunkenen,
Abraham, Paulus und Saulus erwachen,
David und das Kind. Maria, schwanger
auf der Flucht. Und die fliehenden Völker.
Sie tauchen auf – erwacht wie alle Sklaven
und Sokrates, Platon, Descartes, Spinoza
und Kant, Epikur erwacht auch. Alle Philosophen,
die Ideen erwachen. Ans Licht tritt alles.

Erwacht nach dem langen Schlaf, erwacht
nach kurzem Leben und langem Alter,
erwacht nackt, in Hütten, Stiefeln, im
Feld, Blut, Morast. Erwacht beim Liebesakt.
Erwacht, erwacht, erwacht. Und erwacht.

Aale, Wale, Archeopetrixe sind erwacht,
Schnecken, Schlangen und deren Entwurf.
Dinosaurier erwachen. Die Eis-, Würm-,

is nach sásaítear agus tá an chinniúint ina dúiseacht.
Dúisíonn matalanga, póstaí
agus a gcomhcheangail. Dúisíonn
féidearthachtaí agus fírinní.
Éiríonn an t-am atá le teacht, an t-am atá thart
agus an t-am ata anois ann, iad bord ar bord lena chéile.

Tá fuaimeanna, leis, ina ndúiseacht, Í Bhreasail,
agus teangacha. Cantaireacht agus amhráin.
Madragail. Soinéid. An cheoldrámaíocht. An dán díreach.
Gach rud ag dúiseacht anois gan
choinne. Dúisíonn burdúin, an aiste,
an t-úrscéal agus sceitseanna.
Tá siad ar fad ina ndúiseacht i leabharlanna,
san éisteoir, sa léitheoir, sa bhfoilsitheoir, san údar –
sna smaointe, ar phár, sa dúch,
ar chloch, ar an diosca beag cruinn,
dúisíonn Caoineadh Airt Uí Laoghaire,
Bligeard Sráide, Cead Aighnis,
Suzanne sa Seomra Folctha, Línte Liombó,
an sean-nós, piseanna agus plibíní.
Dúisíonn Naoi agus an Díle,
Ábraham, Pól agus Sól,
Niamh agus Oisín. Muire ar a teitheadh,
an leanbh ina broinn. Agus an Ciarraíoch Mallaithe.
Nochtaid agus dúisíd dála na naomh uile
agus Sócraitéas, Platón, Harry Stottle, Spinoza
agus Kant agus an Déan chomh maith. Dúisíonn
na fealsúna go léir is a gcuid smaointe.
Isteach sa solas le gach aon ní.
Ina ndúiseacht, i ndiaidh suain fhada,
saol gearr agus críonnacht fhada curtha díobh acu,
dúisíd nocht, hataí agus buataisí orthu, i
bpáirceanna, i bhfuil, sa riasc. Dúisíd is iad
ag bualadh leathair.
Dúisithe. Dúisithe. Dúisithe. Agus dúisithe arís.

Armin Senser

Permzeit erwachen – gute und schlechte
Zeiten, die großen Erwartungen erwachen.
Geweckt werden Napoleoniden und jede Krone.
Miles erwacht und Bach, Mozart und Dvo_ák.
Jede Schlacht. Vietnam erwacht, Korea,
der Golf, die beiden und alle anderen Kriege.

Du bist erwacht und ich. Und erwacht sind
Planeten, Sterne, Sonnen, Monde, Galaxien
und Universen. Die Alpen, Karpaten, der
Himalaja sind erwacht. Tibet ist erwacht, das
Baskenland, Istrien, Galizien und der Schwarzwald.
Erwacht sind Knossos, Ponpeji, die
Azteken, Inuit und Korsen. Buddhisten
Hindus, Sikhs, Schiiten, Suniten
sind auch erwacht und Christen, Juden und
Schwule, Technokraten, Börsianer,
Zuhälter und Richter, Polizisten und
Lehrer. Alle erwacht, alle ausnahmslos.

Aufgeschreckt sind Schrauben, Bleche,
Reifen, Ziegel, Backsteine, der Beton,
Stahl und Holz. Züge, Flugzeuge,
Auto- und Solarmobile, Fahrräder
Traktoren, Lastwagen, sie alle sind
erwacht. Und Schiffe. Mit ihnen
erwachen Abgase, Unfälle, Steuern,
Einkommen, Reisen, Spesen, Tankstellen,
Flughäfen, Landestege und Havarien,
Öltanker und Flugzeugträger.

Die Welt ist erwacht. Mittag, Nachmittag,
der Morgen, die Dämmerung, die Nacht.
Es erwacht das Einschlafen, Schlummern,
Schnarchen. Der Mond erwacht, Sternschnuppen,
Satelliten, Astronauten und Asteroiden

Armin Senser / Gabriel Rosenstock

Dúisíonn an eascann, an míol mór, an chéad éan,
slimidí, nathracha nimhe agus a bpleananna.
Dúisíonn na dineasáir. Dúisíonn an oighearaois,
an duine atá ag imeacht leis anois
tá sé siúd, leis, ina dhúiseacht.
An dea-shaol is an drochshaol,
dúisíonn Cré na Cille, Bónaí agus gach coróin
riamh ina ndúiseacht. Myles ina shuí
agus Bach, Mozart agus an Riadach.
Gach aon chath a troideadh riamh. Dúisíonn Vítneam, an Chóiré,
an Mhurascaill, an dá chogadh is cogaí eile nach iad.

Taoise id dhúiseacht agus táimse im dhúiseacht. Tá
pláinéid, réaltaí, grianta, gealacha, réaltbhuíonta
agus an chruinne ina ndúiseacht. Na hAlpa,
Cnoc Bhréanainn, na Himáilithe ina ndúiseacht. Tá an Tibéid
ina dúiseacht, an Blascaod, Beal Átha an Dá Ab
agus Béal Átha an Dá Chab. Dúisíonn Muiceanach
Idir dhá Sháile agus an Phoimpé,
Aisticigh, Eiscimigh, Gaeil Alban,
Búdaithe, Hiondúigh, an tUrramach Ian Paisley
ina ndúiseacht chomh maith. Giúdaigh,
buachaillí bána agus breithiúna, na Gardaí
agus múinteoirí. Dúisíd go léir,
gach mac máthar is iníon athar.

Dúisíonn scriúnna, rud nach dtuigim,
Boinn rubair, tíleanna, brící, coincréit,
cruach agus adhmad. Traenacha, eitleáin,
cairteacha agus an Dart. Rothair, tarracóirí,
leantóirí, iad go léir ina ndúiseacht.
Agus longa. Ina dteannta siúd
dúisíonn a sceitheadh siúd. Timpistí, cánacha,
ioncaim, turais, speansais, garáistí,
aerfoirt, lamairní agus timpistí farraige
nó aeir. Tancaeirí ola agus iompróirí aerárthaí.

Armin Senser

erwachen. Die Stille erwacht. Erwacht ist
der Lärm. Von Elementarteilchen bis
zu den Augen ist alles offen. Verschlossen
ist nichts, nichts verborgen, nichts
verloren. Alles ist gefunden, erwacht.

Und Gott ist erwacht. Jedes Prinzip. Und Theorien.
Nichts ist tot. Weder Stein, Baum noch
Einfall, Empfindung oder Verdauung
schlafen. Auch Namenloses schläft nicht.

Alles ist da, erwacht, du und ich. Er, sie und
es. Um uns herum, um Dinge und Menschen,
steht das Erwachen, greifbar, sicht- und fühlbar
nah. Vom großen Erwachen erfaßt auch
das Warten, daß der Augenblick ewig schien.
Ewig erwacht, alles, denn es ist der Jüngste Tag.

Armin Senser / Gabriel Rosenstock

Tá an domhan ar fad ina dhúiseacht. Lár an lae. Iarnóin,
an mhaidin, an clapsholas, an oíche.
Tá an néal codlata féin ina dhúiseacht.
An suan, an srannadh. Dúisíonn an ghealach,
réaltaí reatha, satailítí, spásairí agus astaróidigh.
Dúisíonn an ciúnas. An torann
ina dhúiseacht, an púca, gach aon rud ar oscailt.
Níl aon ní faoi cheilt. Níl aon ní i bhfolach.
Níl aon ní caillte. Tá gach aon rud aimsithe,
ina dhúiseacht.

Agus tá Dia ina dhúiseacht. Gach aon phrionsabal agus teoiric.
Níl aon ní marbh. Níl cloch, crann ná
tuairim, braistint ná díleá
ina gcodladh. Fiú fear gan Ainm ní chodlaíonn sé.

Tá gach aon ní ann ina dhúiseacht. Tusa agus mise,
ruball na muice. Dúlamán na Binne Buí.
Chomh cinnte is atá pus ar asal.
Tá an feitheamh gafa chomh maith
ag an mórdhúiseacht. Tá cuma na síoraíochta
á chur ar an neomat seo. Gach aon ní ina
shíordhúiseacht. Inniu Lá an Luain.

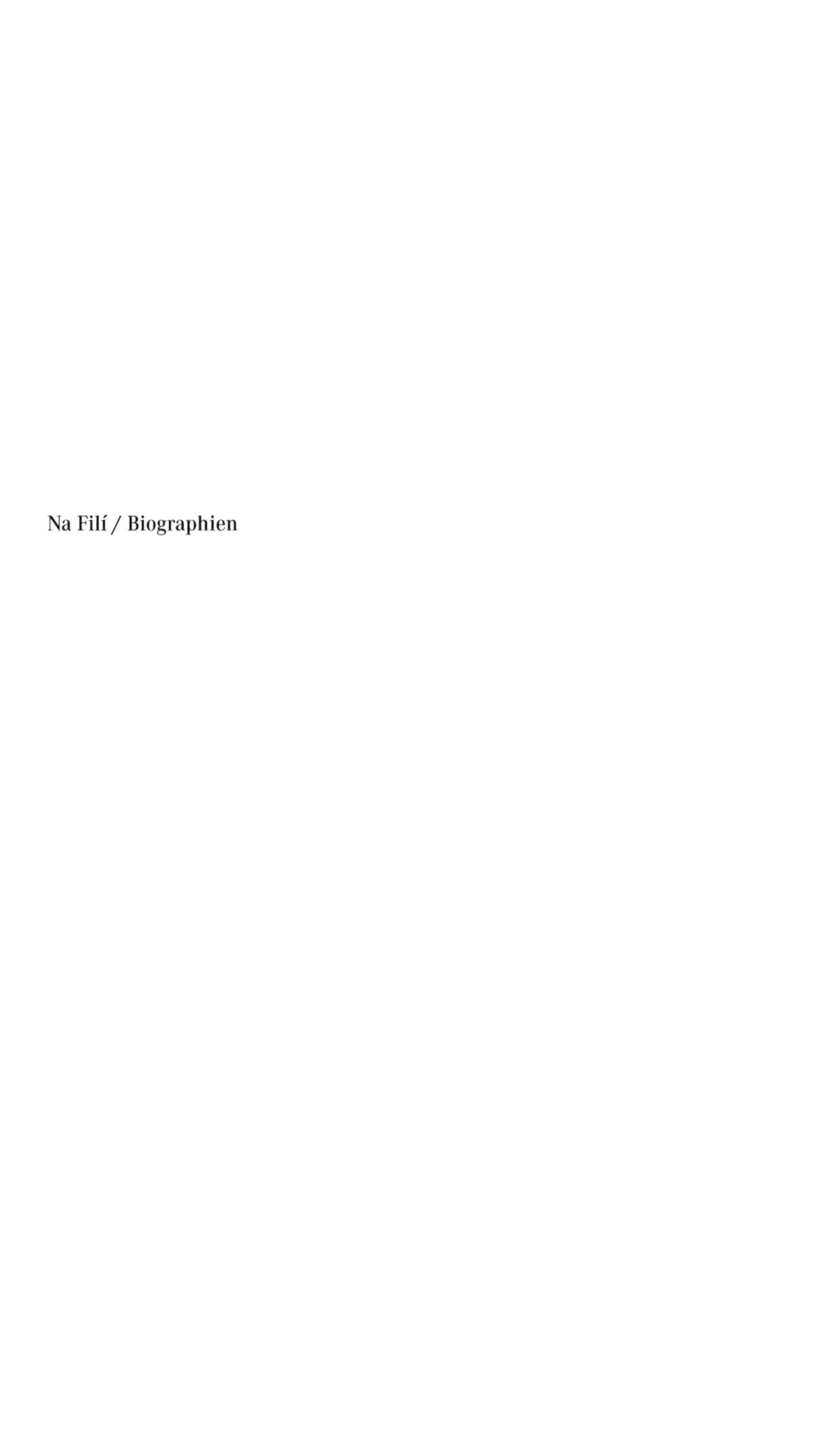

Na Filí / Biographien

Gabriel Rosenstock wurde 1949 in Kilfinane, Limerick geboren. Er studierte an der Universität von Cork, wo er zusammen mit anderen jungen Dichtern die gälische Zeitschrift INNTI herausgab. Er ist als Schauspieler, Journalist, Verleger und Übersetzer tätig und hat Seamus Heaney, Günter Grass und Georg Trakl ins Irische übersetzt. Von ihm sind 50 Bücher in irischer Sprache erschienen, darunter die Gedichtbände *Susanne sa Seomra Folctha* (1973), *Om* (1983), und *Ní Mian Léi an Fhilíocht Níos Mó* (1993), *Selected Poems/ Rogha Dánta* (CIC 2005). Darüber hinaus hat er zahlreiche Theaterstücke und eine Reihe erotischer Haikus, z. B. *Cold Moon* (1993) veröffentlicht. In Rosenstocks Werken lässt sich seine Auffassung von Poesie als einer vereinenden Kraft von Tradition, Religionsgemeinschaften und Sprache erkennen. (Siehe Poetry Chaikhana Website für weitere Details). Er lebt mit Frau und vier Kindern in Dublin.

Rugadh Gabriel Rosenstock i gCill Fhíonáin, Contae Luimnigh sa bhliain 1949. Rinne sé staidéar i gColáiste na hOllscoile, Corcaigh, áit a raibh sé ina eagarthóir ar an iris Ghaeilge *INNTI,* mar aon le filí óga eile. Oibríonn sé mar aisteoir, mar iriseoir, mar eagarthóir agus mar aistritheoir, agus tá saothair le Seamus Heaney, Günter Grass agus Georg Trakl aistrithe go Gaeilge aige. Ta breis agus 50 leabhar curtha uaidh aige i nGaeilge, ina measc na cnuasaigh filíochta *Susanne sa Seomra Folctha* (1973), *Om* (1983), *Ní Mian Léi an Fhilíocht Níos Mó* (1993), agus *Rogha Dánta / Selected Poems* (CIC 2005). Tharstu sin tá raidhse drámaí agus sraith haikúnna a phléann téama an ghrá foilsithe aige, mar shampla *Cold Moon* (1993). Léiríonn saothar Rosenstock a thuiscint ar chumas na filíochta le hoidhreacht, creideamh agus an teanga a aontú. (Tuilleadh eolais le fáil ar láthair lín Poetry Chaikhana.) Tá cónaí air i mBaile Átha Cliath lena bhean agus a gceathrar clainne.

Gréagóir Ó Dúill ist Dichter und Kritiker. Er lehrt zeitgenössische irische Literatur an der Queen's University in Belfast und Kreatives Schreiben für Postgraduierte an dem Waterford Institute of Technology. Geboren in Dublin genoss er eine Ausbildung in Belfast sowie Dublin und erhielt seinen Doktortitel für Englische Philologie in Maynooth. Seine Publikationsliste umfasst Poesie, Kritiken, Biographien, Kurzgeschichten, Übersetzung und Kulturgeschichte. Sie schließt acht Poesiesammlungen ein, die bei Coiscéim, Dublin veröffentlicht wurden, eine Auswahl seiner Poesie *Rogha Dánta 1965 – 2001* (Cois Life/ Coiscéim 2001), und außerdem Anthologien zeitgenössischer Poesie aus Ulster und Irland, dessen jüngstes Werk *Fearann Pinn 1900 – 1999* (Coiscéim 2000) vom Präsidenten Irlands präsentiert wurde. Eine Auswahl seiner Lyrik mit Übersetzungen ins Englische von Bernie Kenny erschien erst kürzlich: *Gone to Earth*, Black Mountain Press, 2005.

Is file agus criticeoir é Gréagóir Ó Dúill. Múineann sé litríocht chomhaimseartha na Gaeilge in Ollscoil na Ríona, Béal Feirste, agus scríbhneoireacht chruthaitheach ag leibhéal na hiarchéime in Institiúid Teicneolaíochta Phort Láirge. Rugadh i mBaile Átha Cliath é agus fuair sé a chuid oideachais ansin agus i mBéal Feirste. Ghnóthaigh sé dochtúireacht i Maigh Nuad. Scríobhann sé idir fhilíocht, chritic, bheathaisnéisí, ghearrscéalta, aistriúcháin agus stair chultúrtha – ina measc ocht gcnuasach filíochta agus a *Rogha Dánta 1965 - 2001* (Coiscéim/ Cois Life 2001), dhá dhíolaim de fhilíocht chomhaimseartha Uladh agus na hÉireann, ar sheol Uachtarán na hÉireann ceann díobh, *Fearann Pinn 1900 – 1999* (Coiscéim 2000). Ar na mallaibh, d'fhoilsigh Black Mountain Press rogha dá chuid filíochta le haistriúcháin Bhéarla le Bernie Kenny, *Gone to Earth* (2005).

Michael Davitt wurde 1950 in der Nähe von Cork als Sohn einer Engländerin und eines Iren geboren. Nach seinem Studium der keltischen Sprachen am University College Cork arbeitete er bei dem irischen Radiosender RTÉ als Reporter und Moderator. Er ist Mitbegründer der Inntigruppe, die sich um eine Erneuerung der irischsprachigen Dichtung bemüht. Bis 1996 gab er dann die Lyrikzeitschrift INNTI heraus.
Davitts Gedichte sind von der Beat Generation und der Populärkultur inspiriert und lassen seine Freude am Experimentieren mit Sprache und neuen Formen erkennen. Thematisch äußert er sich kritisch gegenüber der Gesellschaft in Irland. Der Dichter Louis de Paor beschreibt die Gedichte Davitts als „salutary shock to the system". Michael Davitt starb 2005.

Rugadh Michael Davitt i gCorcaigh sa bhliain 1950. Ba Shasanach a mháthair agus Éireannach a athair. Tar éis dó staidéar a dhéanamh ar na teangacha Ceilteacha i gColáiste na hOllscoile, Corcaigh, chuaigh sé i mbun oibre le RTÉ mar thuairisceoir agus mar léiritheoir. Bhí sé ar dhuine de chomhbhunaitheoirí na hirise *INNTI,* agus mar eagarthóir ar an iris chéanna go dtí 1996. Fuair sé inspioráid dá chuid filíochta ó Ghlúin an Bheat agus ón bpopchultúr, agus tá an taitneamh a bhain sé as focail agus foirmeacha nua a chumadh le sonrú ar a shaothar. Faigheann cuid dá chuid dánta locht ar shochaí chomhaimseartha na hÉireann. Chuir an file Louis de Paor síos ar a chuid filíochta mar *"a salutary shock to the system"*. Fuair Michael Davitt bás sa bhliain 2005.

Biddy Jenkinson (Pseudonym) schreibt seit den 1980ern und lebt seit kurzem in Finnland. Obwohl sie zu den bedeutendsten Dichtern der zeitgenössischen irischen Literatur gehört, ist über ihre Persönlichkeit nur wenig bekannt. Neben zahlreichen Gedichten hat Jenkinson auch die Sammlung von Kurzgeschichten *An Grá Riabhach* (*Speckled Love*) (1999) veröffentlicht. Darüber hinaus hat sie ein Theaterstück *Mise, Subhá agus Maccó* verfasst. Sie schreibt ausschließlich in der gälischen Sprache. Durch ihre Gedichte versucht sie ein Gefühl für das sakrale Wesen der Natur und für die Rolle der Frau, die diese zu erhalten versucht, zu wecken. Zur Zeit ist sie Herausgeberin der Zeitschrift *Éigse Éireann / Poetry Ireland Review.*

Tá Biddy Jenkinson (ainm cleite) ag scríobh filíochta ó na hochtóidí i leith, agus tá sí lonnaithe san Fhionlainn le tamall anuas. Cé go bhfuil sí ar dhuine de na nuafhilí Gaeilge is suntasaí, is beag atá ar eolas fúithi féin. Tá cnuasach gearrscéalta, *An Grá Riabhach* (*Speckled Love*) (1999), foilsithe aici, chomh maith le cuid mhaith filíochta, agus dráma, *Mise, Subhó agus Maccó.* Is i nGaeilge amháin a scríobhann sí. Féachann sí le tuiscint a mhúscailt trína cuid dánta ar naofacht an dúlra, ar ról na mban, agus ar iarrachtaí na mban an ról seo a chaomhnú. Tá sí mar eagarthóir faoi láthair ar an iris *Éigse Éireann / Poetry Ireland Review.*

Cathal Ó Searcaigh wurde 1956 in County Donegal geboren. Nach dem Studium der keltischen Sprachen arbeitete er für den irischen staatlichen Radiosender RTÉ und veröffentlicht bei der irischsprachigen Zeitschrift INNTI. Er schreibt Gedichte, Haikus und Theaterstücke. Seine Werke verfasst er ausschließlich auf Irisch, einige wurden u.a. von Seamus Heaney in die englische

Sprache übersetzt. In Ó Searcaighs Gedichten lassen sich Einflüsse der Beatgeneration, der Populärkultur, aber auch der irischen Dichter des 18. und 19. Jahrhunderts und der fernöstlichen Philosophie wieder erkennen. Er ist der erste Lyriker, der offen die Homosexualität auf irisch besingt, und dies mit einer Sinnlichkeit, die die Landschaft des Körpers ebenso genau erfasst wie die Körperlichkeit der Landschaft seiner Heimat in der Grafschaft Donegal.

Rugadh Cathal Ó Searcaigh i gContae Dhún na nGall sa bhliain 1956. Tar éis dó staidéar a dhéanamh ar na teangacha Ceilteacha, chaith sé seal ag obair le RTÉ. Foilsíodh a chuid filíochta san iris *INNTI.* Scríobhann sé dánta, haikúnna agus drámaí. Is i nGaeilge amháin a scríobhann sé, agus tá cuid dá chuid dánta aistrithe go Béarla, ag Seamus Heaney i measc filí eile. Tá tionchar Ghlúin an Bheat agus an phopchultúir le sonrú ar a chuid filíochta chomh maith le rian d'fhealsúnacht an Chian-Oirthir agus d'fhilíocht Ghaeilge ón 18ú agus ón 19ú céad. Is é an chéad fhile liricí é a rinne ceiliúradh oscailte ar an ngrá aerach. Agus é ag plé an téama seo, bíonn a chur síos ar thírdhreach an choirp chomh macnasach leis an gcur síos coirpiúil a dhéanann sé ar thírdhreach Thír Chonaill.

Nuala Ní Dhomhnaill, geboren 1952 in Lancashhire, wuchs in den irischsprachigen Gebieten (Gealtachtaí) von Kerry und Tipperary auf, und lebte lange Zeit in der Türkei. Sie studierte Irisch und Englisch in Cork. Dort veröffentlichte sie in der InntiGruppe, die sich engagiert für die irische Sprache einsetzt. Ihre Gedichte wurden u.a. von Literaturnobelpreisträger Seamus Heaney ins Englische übersetzt. In ihrer Poesie bedient sie sich ausgiebig der Folklore und der Mythologie, die sie in einen zeitgenössischen, von feministischen Anliegen motivierten Kontext stellt. In ihrem Meereswesenzyklus pflegt sie Verkehr mit den Fabelwesen einer versunkenen Meereswelt und thematisiert damit die Traumatisierung durch Kulturverlust, beobachtet in ihrer irischen Heimat. Sie lebt in Dublin.

Rugadh Nuala Ní Dhomhnaill i Lancashire Shasana sa bhliain 1952 agus d'fhás sí aníos i nGaeltacht Chiarraí agus i dTiobraid Árann. Tá tréimhsí fada caite aici sa Tuirc. Rinne sí staidéar ar Ghaeilge agus ar Bhéarla i gCorcaigh. Is ansin a d'fhoilsigh sí filíocht san iris *INNTI.* Tá cuid dá cuid dánta aistrithe go

Béarla, ag buaiteoir Dhuais Nobel na Litríochta, Seamus Heaney, i measc filí eile. Baineann sí feidhm as an bhfinscéalaíocht agus as an seanchas ina cuid filíochta, ach cuireann sí iad seo i láthair i gcló comhaimseartha a bhfuil dearcadh feimineach mar bhunús leis. Sa tsraith dánta a scríobh sí faoi mhurúcha, téann sí i dteagmháil le béithe sí i dtír fo-thoinn le haird a tharraingt ar an sceimhle a thagann i gceist nuair a théann cultúr i léig, ag tagairt don ghadscaoileadh atá tugtha faoi deara aici in Éirinn. Tá cónaí uirthi i mBaile Átha Cliath.

Mirko Bonné wurde am 9. Juni 1965 in Tegernsee / Oberbayern geboren und lebt heute in Hamburg. Er hat sich als Lyriker, Romanautor sowie als Übersetzer u. a. der Lyrik von E.E. Cummings, John Keats und zuletzt W.B. Yeats einen Namen gemacht.
Von Mirko Bonné erschienen bisher drei Gedichtbände, zuletzt *Hibiskus Code* (2003), die u. a. mit dem Förderpreis zum Leonce-und-Lena-Preis 2001 ausgezeichnet wurden. Die Jury würdigt das Geschick des Autoren, Umgangssprache und Fachsprache miteinander zu verbinden: *Durch die inhaltliche und sprachliche Engführung von Alltag und Pathos gelingt ihm der Balanceakt, lakonische Gedichte zu erzeugen, die eine innere Spannung bergen.* Beim Ingeborg-Bachmann-Wettbewerb 2002 wurde Mirko Bonné der Ernst-Willner-Preis zugesprochen, 2004 erhielt er den Förderpreis zum Kunstpreis Berlin. Im Frühjahr 2006 erschien sein dritter Roman *Der eiskalte Himmel.*

Rugadh Mirko Bonné sa bhliain 1965 i dTegernsee i ndeisceart na Baváire, agus tá cónaí air faoi láthair i Hamburg. Tá cáil air mar fhile liricí, mar úrscéalaí agus mar aistritheoir. I measc na bhfilí a bhfuil saothair dá gcuid aistrithe aige tá e. e. cummings, John Keats agus W.B. Yeats. Tá trí chnuasach filíochta foilsithe aige arb é *Hibiskus Code* (2003) an ceann is deireanaí acu. Bhuaigh cnuasach leis duais na nuafhilí óga de chuid an Leonce-und-Lena-Preis sa bhliain 2001. Thug moltóirí na duaise seo aitheantas ar leith dá scil caint na ndaoine agus teanga theicniúil a nascadh le chéile: *"Is fíor-éacht an chaoi a n-éiríonn leis teannas rúnda a chruthú ina chuid dánta, sé sin i mbeagán focal ach le friotal beacht a chuireann truamhéil ghnáth-eachtraí laethúla in iúl."* Bronnadh Duais Ernst Willner air ag comórtas Ingeborg Bachmann sa bhliain 2002, agus ghnóthaigh sé duais speisialta do luathiarracht filíochta ó Dhuaiseanna Ealaíne Bheirlín sa bhliain 2004. In earrach na bliana 2006 foilsíodh an tríú húrscéal leis, *Der eiskalte Himmel* (*An Spéir chomh fuar le hOighear*).

Armin Senser wurde 1964 in Biel in der Schweiz geboren. Er studierte Philosophie, Germanistik und Linguistik in Bern und lebt seit 1998 als Schriftsteller in Berlin. Neben seiner Arbeit als Lyriker ist Armin Senser auch als Übersetzer, Dramatiker und Essayist tätig. Seinen ersten Gedichtband *Grosses Erwachen* veröffentlichte er 1999. Drei Jahre später gab er zusammen mit

Reto Sorg und Andreas Paschedag die Anthologie *Junge Literatur der deutschsprachigen Schweiz* heraus. Sein jüngster Gedichtband *Jahrhundert der Ruhe* erschien 2003. Senser erschafft in seinen Gedichten metaphysische Reisen durch Landschaften von Lissabon bis zu den Alpen oder durch die abendländische Geistesgeschichte von Shakespeare bis Vergil, von Schiller über Mandelstam zu Robert Frost, von Nietzsche bis Valloton. Sein frühes lyrisches Werk wurde 1999 mit dem Buchpreis des Kantons Bern und dem Lyrikdebütpreis ausgezeichnet.

Rugadh Armin Senser i mBiel na hEilvéise sa bhliain 1964. Rinne sé staidéar ar an bhfealsúnacht, ar an nGearmáinis agus ar an teangeolaíocht, agus tá sé ag obair mar scríbhneoir i mBeirlín ón mbliain 1998 i leith. Chomh maith le bheith ina fhile liricí, scríobhann Armin Senser drámaí agus aistí, agus bíonn sé ag gabháil d'aistriúchán. Foilsíodh an chéad chnuasach filíochta leis, *Grosses Erwachen* (*Mórdhúiseacht*) sa bhliain 1999. Trí bliana ina dhiaidh sin, bhí sé ina chomheagarthóir (mar aon le Reto Sorg agus Andreas Paschedag) ar an duanaire *Junge Literatur der deutschsprachigen Schweiz* (*Nualitríocht i nGearmáinis na hEilvéise*). Foilsíodh an cnuasach filíochta is deireanaí leis, *Jahrhundert der Ruhe* (*Céad Bliain Ciúnais*) sa bhliain 2003. Tugann dánta Senser an léitheoir ar aistir mheitifisiciúla trí thailte i gcéin ó Lisbon go dtí na hAilp, nó trí stair fhealsúnacht an Iarthair ó Shakespeare go Veirgil, nó ó Schiller trí Mhandelstam go dtí Robert Frost, ó Nietzsche go dtí Valloton. Sa bhliain 1999 ghnóthaigh a luathshaothar liricí Duais Leabhair Bhern agus an Lyrikdebütpreis, duais speisialta do chéadiarracht liricí.

Barbara Köhler wurde am 11. April 1959 in Burgstädt geboren, aufgewachsen ist sie im sächsischen Penig. Sie studierte am Institut für Literatur "Johannes R. Becher" in Leipzig und war für verschiedene Zeitungen tätig. Seit 1991 arbeitet sie als freie Autorin und hat bereits zahlreiche Gedichtbände veröffentlicht. Seit 1996 arbeitet sie auch mit Textinstallationen. Köhlers Texte sind formal sehr unterschiedlich, werden aber von einem großen Thema zusammengehalten: Das Ich im sprachlichen Raum. Mit einfachen sprachlichen Mitteln schafft Barbara Köhler Bilder von verblüffender Intensität, die erahnen lassen, dass die gewollte Schlichtheit eine intensive Auseinandersetzung mit der Sprache voraussetzt. Ihr dichterisches Werk wurde u.a. mit dem

Förderpreis zum Leonce-und-Lena-Preis und dem Clemens-Brentano-Preis (1996) ausgezeichnet.

Rugadh Barbara Köhler sa bhliain 1959 i mBurgstädt, agus d'fhás sí aníos i bPenig na Sacsaine. Rinne sí staidéar ag Institiúid Litríochta Johannes R. Becher i Leipzig, agus d'oibrigh sí le nuachtáin éagsúla. Tá sí ag obair mar scríbhneoir saorghairmiúil ón mbliain 1991 i leith agus go leor cnuasach filíochta foilsithe aici. Tá a cuid dánta á gcur ar taispeáint i ndánlanna freisin aici ón mbliain 1996 i leith. Cé go bhfuil an-eagsúlacht fhoirmeálta ina cuid dánta, is é an mórthéama a aontaíonn iad ná coincheap an "Mé Féin" agus an gaol atá aige leis an teanga. Le friotal simplí, cruthaíonn sí íomhánna a mbaineann a mbeogacht stangadh as an léitheoir ach a thugann le fios go mbraitheann a dtíosacht ar ionramháil na teanga. Ghnóthaigh a cuid saothair Duais Clemens Brentano (1996), duais speisialta do luathiarracht filíochta ón Leonce-und-Lena-Preis, agus duaiseanna eile nach iad.

Dorothea Grünzweig wurde 1952 in Korntal bei Stuttgart geboren. Nach ihrem Studium der Germanistik und Anglistik verbrachte sie zunächst einige Jahre in England und Schottland. Seit 1989 lebt Grünzweig in Finnland. Sie übersetzt aus dem Englischen, Finnischen und Wogulischen. 1997 erschien ihr erster Gedichtband *Mittsommerschnitt,* für den sie den Lyrikpreis der Stiftung Niedersachsen erhielt. 2000 folgte der Gedichtband *Vom Eisgebreit*, 2004 *Glasstimmen lasinäänet* und der Essay *Die Holde der Sprache.* Im selben Jahr erhielt sie für ihr Werk den Christian Wagner-Preis. Wiederkehrende Themen ihrer Lyrik sind das Leben zwischen verschiedenen Landschaftsräumen, Kulturen und Sprachen, die Bedeutung der Sprache hierfür und der Blick auf Deutschland aus der Distanz.

Rugadh Dorothea Grünzweig sa bhliain 1952 i gKorntal, gar do Stuttgart. Tar éis di staidéar a dhéanamh ar an nGearmáinis agus ar an mBéarla chaith sí roinnt blianta ina cónaí i Sasana agus in Albain. Tá sí ag cur fúithi san Fhionlainn ón mbliain 1989 i leith. Bíonn sí ag aistriú ón mBéarla, ón bhFionlainnis agus ón Meansaí. Sa bhliain 1997, foilsíodh an chéad chnuasach filíochta léi, *Mittsommerschnitt* (*Gearradh Fhéile Eoin*), a ghnóthaigh duais lirice Fhondúireacht na Sacsaine Íochtaraí. Chuir sí an cnuasach *Vom*

Eisgebreit (*Ó Ghort an Oighir*) uaithi sa bhliain 2000, agus sa bhliain 2004 *Glasstimmen lasinäänet* agus an aiste *Die Holde der Sprache* (*Milse na Teanga*). Sa bhliain chéanna, ghnóthaigh a cuid saothair Duais Christian Wagner. Ar na téamaí a thagann chun cinn arís is arís eile ina cuid filíochta tá an tionchar a imríonn difríochtaí tírdhreacha, cultúir agus teanga ar an gcaoi a gcaitear an saol, féidearthachtaí na teanga na difríochtaí seo a chur in iúl, agus a dearcadh féin ar an nGearmáin agus í anois lonnaithe san iasacht.

Maja Haderlap wurde 1961 in Bad Eisenkappel / Kärnten geboren. Studium der Theaterwissenschaft und Germanistik in Wien. Sie arbeitete nach ihrer Promotion als Dramaturgin und Programmlektorin und war Lehrbeauftragte am Institut für Allgemeine und Vergleichende Literaturwissenschaften an der Universität Klagenfurt. Seit 1992 ist sie Chefdramaturgin am Stadttheater Klagenfurt. Die Autorin war langjährige Mitherausgeberin und Redakteurin der kärntner-slowenischen Literaturzeitschrift *mladje*. Bislang erschienen drei Lyrikbände, die in slowenischer Sprache verfaßten Bände *Žalik pesmi,* 1983, und *Bajalice*, 1987, zuletzt 1998 ein großer dreisprachiger Sammelband mit dem schlichten Titel *Gedichte/Pesmi/Poems*, dessen Zyklus 1990-1995 erstmals auf deutsch geschriebene Gedichte der Autorin enthält. Auszeichnungen u.a. 1989 Preis der France-Prešeren-Stiftung und 2004 Förderpreis zum Hermann-Lenz-Preis.

Rugadh Maja Haderlap sa bhliain 1961 i mBad Eisenkappel i gKärnten agus rinne sí staidéar ar an amharclannaíocht agus ar an nGearmáinis i Vín. Tar éis di céim dhochtúireachta a bhaint amach, chaith sí tamall ag obair mar léiritheoir drámaí agus mar stiúrthóir amharclainne, chomh maith le bheith ag teagasc ag an Institiúid Litríochta in Ollscoil Klagenfurt. Tá sí ag obair ón mbliain 1992 i leith mar phríomhléiritheoir in Amharclann na Cathrach i gKlagenfurt. Chaith sí tamall de bhlianta mar chomheagarthóir ar an iris liteartha *mladje*, a fhoilsíonn litríocht Slóivéinise i gKärnten. Tá trí chnuasach lirící dá cuid foilsithe, *Žalik pesmi* (1983), agus *Bajalice* (1987) Slóivéinis, agus cnuasach fada trítheangach nach bhfuil de theideal air ach *Gedichte/ Pesmi/Poems* (1998). Is í an tsraith dánta 1990-1995 sa chnuasach seo an chéad saothar a chuir sí uaithi riamh i nGearmáinis. Ghnóthaigh sí Duais Fhondúireacht France Prešeren sa bhliain 1989, duais speisialta do luathiarracht filíochta ón Hermann-Lenz-Preis sa bhliain 2004 agus duaiseanna eile nach iad.

Monika Rinck wurde 1969 in Zweibrücken geboren. Sie studierte Religionswissenschaft, Geschichte und Vergleichende Literaturwissenschaft in Bochum, Berlin und Yale. Künstlerisch bewegt sich Monika Rinck auf unterschiedlichen Gebieten der Kunst und der Literatur. In ihrem Listengedicht *begriffsstudio* versammelt sie sprachlich überraschende Fundstücke, logische Verhaspler und pointierte Neologismen, die ihr der Diskurs zuspielt. Sie erhält den Förderpreis zum Kunstpreis Rheinland-Pfalz für den Lyrikband "Verzückte Distanzen", erschienen 2004 bei Zu Klampen. In ihren beeindruckenden Gedichten verbinde sie Abstraktion mit Konkretion und eröffne mit ihren hybridisierenden Sprachspielen neue Sprachräume, so die Jury.

Rugadh Monica Rinck sa bhliain 1969 i Zweibrücken. Rinne sí staidéar ar an stair, ar an litríocht agus ar chúrsaí creidimh i mBochum, i mBeirlín agus i Yale. Bíonn Monica Rinck ag plé le réimsí éagsúla den litríocht agus den ealaín. Tagann liostaí a dáin *begriffstudio* (*ceardlann téarmaíochta*) aniar aduaidh ar an léitheoir, iad bunaithe ar mheascán mearaí seoda teanga, ar bhotúin loighce i gcaint na ndaoine, agus ar nuafhocail dhébhríocha atá cruinnithe aici ón uile fhoinse. Bhronn stát Rheinland-Pfalz duais luathiarrachta filíochta ar a cnuasach liricí *Verzückte Distanzen* (*Eacstais na Difríochta*), a d'fhoilsigh Zu Klampen sa bhliain 2004. Dar le moltóirí na duaise úd: "Corraítear an léitheoir ag an gcaoi a nascann sí ábhar teibí leis an macrud, agus saibhríonn sí stór na teanga lena cuid cluichí friotail a ghineann comhfhocail nua."

Na hEagarthóirí / Herausgeber

Dr. Thomas Wohlfahrt, geb. 1956 in Eisenach, Studium der Germanistik und Musik, Promotion zu Georg Büchner, seit 1991 Gründungsdirektor der Literaturwerkstatt Berlin, Konzeption und Gesamtleitung von www.lyrikline.org, „Literatur Express Europa 2000“, das poesiefestival berlin, die erste umfassende Ausstellung zur digitalen Poesie „p0es1s“, sowie das Filmfestival ZEBRA Poetry Film Award. Er kuratiert und berät verschiedene Literaturfestivals im In- und Ausland und arbeitet in diversen Jurys zu Literatur und Film mit. Wohlfahrt ist Autor oder Herausgeber verschiedenster Publikationen.

Aurélie Maurin, geb.1975 in Paris, Studium der Literaturwissenschaft und Linguistik, 2001 Mitarbeiterin in der Literaturagentur *Imrie und Dervis* in London, 2002-2003 Dozentin am Institut Français Berlin, 2004 Stipendium für junge Literaturübersetzer (Frankfurter Buchmesse, BIEF Paris und Literarisches Colloquium), seit 2002 Projektleiterin bei der Literaturwerkstatt Berlin. Freie Kulturmanagerin, Übersetzerin und Musikerin.

Rugadh an Dr. Thomas Wohlfahrt sa bhliain 1956 in Eisenach. Rinne sé staidéar ar an nGearmáinis agus ar an gceol, agus scríobh sé tráchtas dochtúireachta faoi Georg Büchner. Chomhbhunaigh sé Ceardlann Litríochta Bheirlín sa bhliain 1991 agus tá sé ina stiúrthóir ar an gCeardlann ó shin i leith. Déanann sé bainistiú ar thograí ealaíne eile atá bunaithe aige: www.lyrikline.org, „Literatur Express Europa 2000“, Féile Filíochta Bheirlín, „p0es1s“ (an chéad taispeántas digiteach filíochta ar domhan) agus an fhéile scannán ZEBRA Poetry Film Award. Feidhmíonn sé mar chomhairleoir ag féilte litríochta sa Ghearmáin agus i dtíortha eile. Déanann sé moltóireacht ar litríocht agus ar scannáin agus tá réimse leathan leabhar scríofa agus foilsithe aige.

Rugadh Aurélie Maurin i bPáras sa bhliain 1975. Rinne sí staidéar ar an litríocht agus ar an teangeolaíocht. Chaith sí tréimhsí ag obair le hÁisínteacht Litríochta Imrie agus Dervis i Londain (2001), ag teagasc san Institiúid Fhrancach i mBeirlín (2002-2003), agus mar aistritheoir d’Aonach Leabhar Frankfurt, do BIEF Paris, agus don Cholloquium Liteartha, a bhronn scoláireacht uirthi sa bhliain 2004. Tá sí ag obair le Ceardlann Litríochta Bheirlín ón mbliain 2002 i leith. Oibríonn sí go saorghairmiúil mar stiúrthóir ealaíne, mar aistritheoir agus mar cheoltóir.

Focal Buíochais

Fuair an duanaire *VÉARSaistear* cúnamh ón Goethe-Institut agus ón gComhairle Ealaíon.
Chuir na dreamanna seo a leanas comaoin airgid ar an gCeardlann Aistriúcháin: Fondúireacht Chultúrtha Chomhaontas na Gearmáine, The British Council, Ambasáid na hÉireann, Roinn Cultúir Pankow agus Fondúireacht Chultúrtha Pro Helvetia na hEilvéise.
Ba mhaith leis na foilsitheoirí a mbuíochas a ghabháil leis na haistritheoirí* agus na teangairí a chuidigh leis na filí chun dánta a chéile a aistriú. Táimid buíoch díobh siúd uilig a chuir comhairle orainn nó a thacaigh leis an togra: Hans-Christian Oeser, fear a' tí; Michael Mechner, an teicneoir fuaime; Fiachra Mac Góráin a d'aistrigh an réamhrá; Sabine Heinz a roghnaigh na filí agus na haistritheoirí. Buíochas freisin lenár gcúntóirí Kerstin Claussen agus Karen Pohlman a bhí i bhfeighil na Ceardlainne Aistriúcháin.
Tá buíochas ar leith tuilte ag Ambasadóir na hÉireann Seán Ó hUiginn, ag an Rúnaí Cultúrtha Seán Ó Riain agus ag na foilsitheoirí Manfred Metzner (Verlag das Wunderhorn) agus Micheál Ó Conghaile (Cló Iar-Chonnachta) a chuir spéis sa togra seo ón gcéad lá riamh.
Táimid fíorbhuíoch de na hinstitiúidí seo a leanas a chuir seomraí ar fáil don aistriúchán: Der Salon im Grünen, Kulturbund Treptow, Deutsche Gesellschaft für technische Zusammenarbeit (GTZ) GmbH, Haus Ungarn, Literaturprogramm Wolkenbügel, Theater unterm Dach, Ambasáid na hÉireann, Bibliothek am Luisenbad.
Ba mhaith linn buíochas ó chroí a ghabháil leis na filí, a raibh de mhisneach iontu tabhairt faoin aistriúchán.

* Is iad seo a leanas a d'ullmhaigh na réamhaistriúcháin liteartha:
Karsten Schumann
Fiachra Mac Góráin
Séan Ó Riain
Bríd Ní Chatháin
Alan Desmond
Padhraig Ó Dochartaigh
Sabine Heinz

Danksagung

Die Anthologie *VERSschmuggel* wurde möglich dank großzügiger Unterstützung durch das Goethe-Institut und das Irish Council for the Arts.

Die Übersetzungswerkstatt wurde gefördert durch die Kulturstiftung des Bundes, das British Council, die Botschaft von Irland, das Kulturamt Pankow, die Pro Helvetia Schweizer Kulturstiftung.

Die Herausgeber möchten sich sehr herzlich bedanken bei allen Dolmetschern und Interlinearübersetzern*, die das gemeinsame Arbeiten der Dichter untereinander ermöglichten und bei allen, die beratend oder unmittelbar an der Realisierung dieses Projekt mitgewirkt haben: Hans-Christian Oeser für die Moderation, Michael Mechner für die Tonaufnahmen, Fiachra Mac Góráin für all die Übersetzungen und die beratende Hilfe, Dr. Sabine Heinz für das Kuratieren, unseren Praktikantinnen Kerstin Claussen und Karen Pohlman, die für den reibungslosen Ablauf der Übersetzungswerkstatt gesorgt hatten.

Besonderer Dank sei dem Botschafter der Republik Irland, Seán Ó hUiginn, den Kulturattaché Seán Ó Riain, den Verlegern Manfred Metzner und Micheál Ó Conghaile gesagt, dafür, dass sie das Projekt von Anfang an begleitet und unterstützt haben.

Wir möchten uns auch bei folgenden Institutionen bedanken, die Arbeitsräume für die Werkstatt zur Verfügung gestellt haben: Der Salon im Grünen / Kulturbund Treptow, Deutsche Gesellschaft für technische Zusammenarbeit (GTZ) GmbH, Haus Ungarn, Literaturprogramm Wolkenbügel / Theater unterm Dach/ Botschaft von Irland / Bibliothek am Luisenbad.

Wir danken sehr herzlich den Dichterinnen und Dichtern dafür, sich den Mühen und Abenteuern des Übersetzens zu stellen.

* Die Interlinearübersetzungen wurden angefertigt von:
Bríd Ní Chatháin
Alan Desmond
Padhraig Ó Dochartaigh
Fiachra Mac Góráin
Sabine Heinz
Séan Ó Riain
Karsten Schumann

Cóipcheart / Urheberrechtliche Hinweise

Mirko Bonné
Bleibe
Manöverkritik
Aus: Hibiskus Code@ DuMont, 2003

Dorothea Grünzweig
Über den Sprachen
Glasstimmen Lasinäänet
Es ist ein Sterben angebrochen
Aus: Glasstimmen lasinäänet
© Wallstein Verlag, 2004

Barbara Köhler
Gedicht
Aus : Deutsches Roulette .Gedichte.
©Suhrkamp Verlag Frankfurt am Main 1991

In the movies
Ohne Titel
Aus: Blue Box. Gedichte.
© Suhrkamp Verlag Frankfurt am Main 1995

Fermate
Aus: Wittgensteins Nichte
© Suhrkamp Verlag Frankfurt am Main 1999

Monika Rinck
so einfach
es war vorbei
© Klampen Verlag, Springe, 2004

Armin Senser
Grosses Erwachen
Aus: Grosses Erwachen. Gedichte.
© Carl Hanser Verlag, München/Wien

Ein Welt-Treffen der Poesie

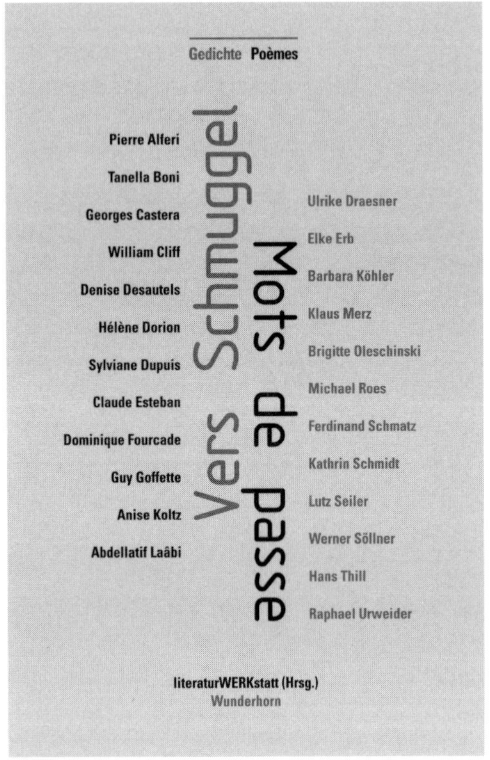

Thomas Wohlfahrt, Aurélie Maurin (Hrsg.)
Vers Schmuggel / Mots de passe
Gedichte / Poèmes
Zweisprachige Ausgabe deutsch-französisch
Mit einem Vorwort von Thomas Wohlfahrt
und Aurélie Maurin
2003, 320 Seiten, bibliophile Ausstattung
gebunden mit Lesebändchen
EUR 24,80   SFr 42,20
ISBN 3-88423-208-8